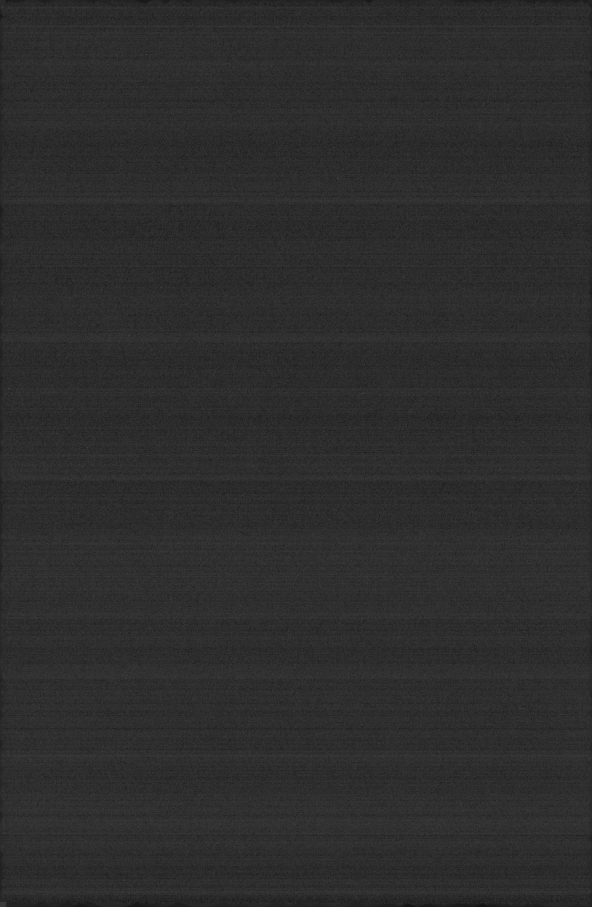

南海Ⅰ号

历尽千帆
归来新

本册主编 曾超群

丝路物语书系

主编 李炳武

西安出版社

图书在版编目（CIP）数据

历尽千帆归来新 ：南海I号 / 曾超群主编. — 西安：西安出版社，2021.12（2024.4重印）
ISBN 978-7-5541-5763-3

Ⅰ．①历… Ⅱ．①曾… Ⅲ．①南海－沉船－考古发掘－宋代 Ⅳ．①K875.3

中国版本图书馆CIP数据核字(2021)第236782号

历尽千帆归来新

南海 I 号

LIJIN QIANFAN GUILAI XIN

NANHAI I HAO

主　　编：曾超群

出 版 人：屈炳耀
策划编辑：李宗保　张正原
项目统筹：张正原
责任编辑：王　娟
美术编辑：李　坤
责任印制：尹　苗
出版发行：西安出版社
社　　址：西安市曲江新区
　　　　　雁南五路1868号影视演艺大厦11层
电　　话：（029）85253740
邮政编码：710061

印　　刷：三河市华东印刷有限公司
开　　本：787mm×1092mm　1/16
印　　张：18
字　　数：177千
版　　次：2021年12月第1版
印　　次：2024年4月第2次印刷
书　　号：ISBN 978-7-5541-5763-3
定　　价：78.00元

如有印刷、装订问题，本社负责另换。

阅读文物　拥抱文明

郑欣淼

文物所折射出的恒久魅力，已为越来越多的人所认识。今天呈现在读者面前的这部"丝路物语"书系，就是这一魅力的具体体现。

"让收藏在博物馆里的文物、陈列在广阔大地上的遗产、书写在古籍里的文字都活起来。"（习近平语）党的十八大以来，习近平总书记担负着实现中华民族伟大复兴的历史重任，饱含着对传统文化的深厚感情，让文物活起来始终为其所关注、所思考。让文物活起来，就是深入挖掘文物的内涵，充分发挥文物的作用。中国文物是中华民族的文明印记和精神标识，是全体中国人乃至全人类的珍贵财富；它对于激发人民群众对中华优秀传统文化的了解、认同和热爱，坚定文化自信，汇聚发展力量等作用是不言而喻的。

近年来，一些优秀的文物类书籍、综艺节目、纪录片、文化创意产品等不断涌现，文化遗产元素成为国家外交的桥梁，文物逐渐成为"网红"并受到越来越多年轻人的青睐，这些都充分彰显着"让文物活起来"已逐渐从理念转化为行动，那些在历史长河中积淀下来的文物珍存正在不断走近百姓、融入时代、面向世界。

说到文物，不能不把眼光聚焦于丝绸之路。人类社会交往的渴望推动了世界文明间的相互交融和渗透，中华文明与亚、欧、非三大洲的古代文明很早就发生接触，相互影响，相互交流。直到1877年，德国地理学家李希霍芬在他的著作《中国——我的旅行成果》里首次提出了"丝绸之路"的概念。近半个世纪以来，随着丝绸之路考古发现和学术研究的不断深入，极大地开阔了人们的视野。特别是"一带一路"倡议的全面推进，丝绸之路研究更成为国际显学。在古代文明交流史上，丝绸之路无疑是极其璀璨的一笔。它承载着千年古史，编织着四方文明。也正因为丝绸之路无与伦比的历史积淀，形成了独特的历史文化遗产，其数量之大、等级之高、类型之丰富、序列之完整、影响之深远，都是世所公认的。神秘悠远的古代城址、波澜壮阔的长城关隘烽燧遗址、精美绝伦的艺术品、气势磅礴的帝王陵墓、灿若星辰的宫观寺庙、瑰丽壮美的石窟寺……数不清道不尽的文物珍宝，足以使任何参观者流连忘返，叹为观止。2014年，"丝绸之路：长安—天山廊道的路网"成功跻身《世界文化遗产名录》，使丝绸之路迎来了新的历史机遇，也对广大文化文物工作者提出了新的要求。

"让文物说话，把历史智慧告诉人们。"这是习近平总书记的谆谆嘱托。中华文化优雅如斯，如何让文物说话，飞入寻常百姓家，是当下无数文化界人士亟待攻坚的课题，亦是他们光荣的使命。客观来讲，丝绸之路方面的论著硕果累累，但从一般读者角度，特别是从当下文化与旅游结合角度着眼的作品不多，十分需要一套全面系统地介绍丝绸之路文物故事的读物。令人欣喜的是，西安出版社组织策划了这套颇具规模的"丝路物语"书系，并由李炳武先生担任主编，弥补了这一缺憾。李炳武先生曾经长期在文物文化领域工作，也主持过"中华国宝·陕西珍贵文物集成""长安学丛书"和《陕西文物旅游博览》等大型文物类图书的编纂工作，得到了业界的充分肯定；加之丛书的作者都是有专业素养的学者，从而保证了书稿的质量。

如何驾驭丝绸之路这样一个纵贯远古到当今、横贯地中海到华夏大地的话题，对于所有编写者来说，都是具有挑战性的。这套书的优点或者说特点，可以概括为以下几个方面：

这套书最大的一个优点，就是大而全。从宏观的视野，用简明的线条，对陆上丝绸之路的博物馆、大遗址进行了全景式梳理，精心遴选主要文物，这些国宝的历史、艺术和科学价值在字里行间一一呈现。

丝绸之路文化遗产类型丰富，作者在文中并没有局限于文物本身的解读，还根据文物的特点做了大量的知识拓展，包括服饰的流变，宗教的传播，马匹的驯化，葡萄等水果的东传，纸张的发明和不断改进，医学的发展，乐器、绘画、雕刻、建筑、织物、陶瓷等视觉艺术的交互影响，等等。其中既有交往的结果，也有战争的推动。总体而言，这些内容是讲述丝绸之路时所不可或缺的内容，使读者透过文物认识了丝绸之路丰富的文化内涵。

值得称道的是，这套书采取探索与普及相结合的方式，图文并茂，力求避免学究气的艰涩笔调，加入故事性、趣味性，使文字更具可读性，达到雅俗共赏的目的。通过图书这一载体，能够使读者静静地品味和欣赏这些文物，传达出对历史的沉思和感悟，完善自己对文物、丝绸之路和文化的认知。读过这套书后，相信读者都会开卷有益，收获多多，文物在我们眼中也将会是另一番面貌。

我们有幸正处于坚持以人民为中心的改革发展伟大时代，每一件文物，都维系着民族的精神，让文物活起来，定会深入人心、蔚为大观。此次李炳武先生请我写序，初颇踌躇，披卷读来，犹如一场旅行，神游历史时空之浩渺无垠，遐思华夏文化之博大精深。兼善天下，感物化人历来是每一个中国知识分子的精神所属，若序言能为一部作品锦上添花，得而为普及民众的文物保护意识起到促进作用，何乐而不为？

是为序。

· 郑欣淼 · ··

原中国文化部副部长、故宫博物院原院长、中华诗词学会会长、著名历史文化学者。

丝路物语话沧桑

李炳武

2013年9月，中国国家主席习近平访问哈萨克斯坦时，在纳扎尔巴耶夫大学发表演讲，首次提出共同构建"丝绸之路经济带"的宏伟倡议。2014年6月，"丝绸之路：长安——天山廊道的路网"成功跻身《世界文化遗产名录》。

丝绸之路是世界上路线最长、影响最大的文化线路。丝绸之路是指起始于古代中国的政治、经济、文化中心——古都长安（今西安）连接亚洲、非洲和欧洲的古代陆上商业贸易路线。它跨越陇山山脉，穿过河西走廊，通过玉门关和阳关，抵达新疆，沿绿洲和帕米尔高原通过中亚、西亚和北非，最终抵达非洲和欧洲，向南延伸到印度次大陆。这条伟大的道路沟通了中国、印度、希腊三大文明，全长一万多千米。它是一条东方与西方之间经济、政治、文化进行交流的主要道路，促进了欧亚大陆不同国家、不同文明之间在商贸、宗教、文化以及民族等方面的交流与融合，为人类社会的共同发展和繁荣做出了卓越贡献。

公元前138年，使者张骞受汉武帝派遣从陇西出发，出使月氏。13年中，他的足迹踏遍天山南北和中亚、西亚各地。在随后的2000多年间，无数商贾、旅人沿着张骞的足迹，穿越驼铃叮当的沙漠、炊烟袅袅的草原、飞沙走石的戈壁，来往于各国之间，带来了印度、阿拉伯、波斯和欧洲的玻璃、红酒、马匹，宗教、科技和艺术，带走了中国的丝绸、漆器、瓷器和四大发明，举世闻名的丝绸之路渐渐形成。

用"丝绸之路"来形容古代中国与西方的文明交流，最早出自德国著名地理学家李希霍芬 1877 年所著的《中国——我的旅行成果》一书。由于这个命名贴切写实而又富有诗意，很快得到学术界的认可，并风靡世界。

近年来，丝绸之路迎来了新的历史机遇，沿丝绸之路寻访探秘的人络绎不绝。发展丝路经济，研究丝路文明，观赏丝路文物成了新时代的社会热潮。中央文化产业发展专项资金资助项目"丝路物语"书系，便应运而生。在本书和读者见面之际，作为长安学研究者、"丝路物语"书系的主编，就该书的选题范围、研究对象、编写特色及意义赘述于下：

"丝路物语"书系，以"丝绸之路：长安—天山廊道的路网"遗产及相关博物馆为选题范围。该遗产项目的线路跨度近 5000 千米，沿线包括了中心城镇遗迹、商贸城市、聚落遗迹、交通遗迹、宗教遗迹和关联遗迹五类代表性遗迹以及沿途丰富的特色地理环境。共计包括三个国家的 33 处遗产点，其中吉尔吉斯斯坦境内 3 处，哈萨克斯坦境内 8 处，中国境内 22 处。属丝绸之路东段的重要组成部分，在丝绸之路交通与交流体系中具有独特的起始地位和突出的代表性。它形成于公元前 2 世纪，兴盛于公元 6 至 14 世纪，沿用至公元 16 世纪，连接了东亚和中亚大陆上的中原地区、河西走廊、天山南北与七河地区四个地理区域，分布于今中华人民共和国、哈萨克斯坦共和国和吉尔吉斯斯坦共和国境内。沿线遗迹或壮观巍峨，或鬼斧神工，或华丽精美，见证了欧亚大陆在公元前 2 世纪至公元 16 世纪之间人类文明进步的重要阶段，以及在这段时间内多元文化并存的鲜明特色。

"丝路物语"书系，每册聚焦古丝绸之路上的一座博物馆、一处古遗址或一座石窟寺，力求立体全面地展示丝绸之路上的历史遗存、人文故事和风土人情。这是一套丝绸之路旅游观光的文化指南，从中可观赏到汉代桑蚕基地的鎏金铜蚕，饱览敦煌石窟飞天的婀娜多姿，聆听丝路古道上的声声驼铃。古丝绸之路是人类文明的宝贵遗产，记录着社会的沧桑巨变，这也是一部启封丝路文明的记忆之书。

"丝路物语"书系，以阐释文物为重点。文物是中华民族的精神标识。"让收藏在博物馆里的文物、陈列在广阔大地上的遗产、书写在古籍里的文字都活起来。"这对于激发人民群众对中华优秀传统文化的了解、认同和热爱，坚定文化自信，汇聚发展力量不可小觑。

文物是不可再生的国之珍宝，从中可折射出人类文明的恒久魅力。对文化的认同感与归属感应当成为一种生活状态。我们从梳理丝绸之路沿线博物馆馆藏文物、石窟寺或大遗址为契机，从文化的立场阐释文物的历史意义，每篇文章涵盖了文物信息的描述、历史背景的介绍、文物价值的分享和知识链接等板块，在聚焦视角上兼顾学术作品的思想层与通俗作品的故事层双重属性，清晰地再现文物从物质性到精神性的深层转变，着力探讨文物作为一种精神力量对历史的思考。用时空线索描绘丝绸之路的卓越风华，为读者梳理丝绸之路的文化影响，以文物揭示历史规律，彰显更深层、更本质的文化自信，激发读者的民族自豪感。"丝路物语"书系以文物为研究对象，从中甄选国宝菁华，讲述它们的前世今生。试图让读者从中感受始皇地下军团的烈烈秦风，惊叹西汉马踏匈奴的雄浑奔放，仰慕大唐《阙楼仪仗图》的盛世恢宏，这是一部积淀文化自信的启智之作。

　　"丝路物语"书系，以互动可读为特色。在大众传媒多元数字化的背景下，综合运用现代科技的引进更能推动文化传播的演变进入一个崭新的领域，相契于文字的解读，更透出传统文化的深邃意蕴。为多维度营造文化解读的可能性，吸引更多公众喜欢文物、阅读文物，"丝路物语"可谓设计精良，处处体现出反复构思、创新的态度。设计重点关注视觉交流的层面，借助丰富的图像资料和多媒体技术大幅强化传统文化元素可视、可听、可观的直接特征，有效提升文化遗产多维度的观感效果。古人著书立说重字画兼备，"宣物莫大于言，存形莫善于画"，所以由"图书"一词合称。本书系选用了大量专业文物图片，整体、局部、多角度展示，让读者在阅读文字之余通过精美的图片感受文化的震撼与感动，让读者更好地认知历史、感知经典，体验当代创新之趣。

　　"丝路物语"书系，以弘扬互利共赢的丝路精神为使命。"丝绸之路：长安—天山廊道的路网"在东亚古老的华夏文明中心和中亚历史悠久的区域性文明中心之间建立起长距离的交通联系，在游牧与定居、东亚与中亚等文明交流中具有重要意义，并见证了古代亚欧大陆人类文明与文化发展的主要脉络及若干重要历史阶段以及突出的多元文化特征，是人类进行长距离交通、商贸、文化、宗教、技术以及民族等方面长期交流与融合的文化线路杰出范例。

2000 多年前，我们的先辈筚路蓝缕，穿越草原沙漠，开辟出联通亚欧非的陆上丝绸之路。这不仅是一条通商易货之道，更是一条文化交流之路。沿着古丝绸之路，中国将丝绸、瓷器、漆器、铁器传到西方，也为中国带来了胡椒、亚麻、香料、葡萄、石榴。沿着古丝绸之路，佛教、伊斯兰教及阿拉伯的天文、历法、医药传入中国，中国的四大发明、养蚕技术也由此传向世界。更为重要的是，商品和文化交流带来了观念创新。比如，佛教源自印度，却在中国发扬光大，在东南亚得到传承。儒家文化起源于中国，却受到欧洲莱布尼茨、伏尔泰等思想家的推崇。这是交流的魅力，互鉴的成果。这些各国不同的异质文化，犹如新鲜血液注入华夏文化肌体，使脉搏跳动更为雄健有力。古丝绸之路绵亘万里，延续千年，积淀了以和平合作、开放包容、互学互鉴、互利共赢为核心的丝路精神。

新时代、新丝路、新长安。2017 年，习近平主席在"'一带一路'国际合作高峰论坛"上指出：古丝绸之路是人类文明的宝贵遗产。为让这些遗产、文物鲜活起来，西安出版社策划出版的"丝路物语"书系，承载着别样的期许与厚望，旨在以丝绸之路的隽永品格对话当代社会的文化建构，以高度的文化自觉唤醒当代社会的文化自信。

我们作为丝绸之路起点长安的文化工作者，更应该饱含对传统文化的深厚感情，自觉担负起实现中华民族伟大复兴的历史重任，充分运用长安学的最新研究成果，为保护、研究和传承人类文明的宝贵遗产尽心尽力，助推"一带一路"伟大事业的蓬勃发展。

精品力作是出版社的立身之本，亦是文化工作者的社会担当。"丝路物语"书系的出版，凝聚着众多写作和编辑人员的思考与汗水。借此，特别感谢郑欣淼部长的热情赐序；感谢策划人、西安出版社社长屈炳耀先生的睿智选题与热情相邀；感谢相关遗址、博物馆领导的支持和富有专业素养的学者和摄影人员的精心创作；更要感谢西安出版社副总编辑李宗保和编辑张正原认真负责、卓有成效的工作。

"丝路物语"书系的出版虽为刍荛之议、管窥之见，但西安出版社聆听时代声音、承担时代使命以及致力于激活文化遗产、传播中国声音的决心定将引领其走向更远的未来。

是为序。

· 李炳武 ·
陕西省文物局原副局长、陕西省文史馆原馆长、"长安学"创始人、陕西师范大学国际长安研究院首任院长、三秦文化研究会会长、长安学研究中心主任、著名历史文化学者。

考古发掘现场

目录

丝路物语

■ 南海 I 号

它是一艘在幽暗深海沉睡了八百多年的木制古船，也曾意气风发，满怀希望和梦想，远渡重洋，给远方的人们带来财富和未知的见闻；它更是一座拥有超过十八万件文物的庞大宝藏，一经露面，就让无数的考古学家心向往之；它还是一把天然的密匙，拥有贯通古今、勾连时空的力量，或许能助我们还原那段湮没在历史深处的辉煌记忆。

它就是『南海 I 号』，一艘在我国南宋时期航行于海上丝绸之路的远洋贸易商船，是迄今为止我国发现的海上沉船中年代较早、体量巨大、保存较为完整的远洋贸易商船。因为它，中国的考古专家开始将探寻的目光由陆地转向大海；因为它，或可为我们提供一个契机，运用全新视角来关照我国乃至整个东亚、东南亚的古代造船史、陶瓷史、航运史、贸易史。

海上丝绸之路的前世今生

在几千年的悠悠历史长河中，海上丝绸之路不仅见证了中外交往的发展历程，更见证了沿途城邦的兴衰更替。它就像一位饱经沧桑的老者，肚子里装满了学问，眼睛里充溢着智慧。

丝绸之路是中外物资文化交流的大通道，包括陆上丝绸之路和海上丝绸之路。作为陆上丝绸之路的重要补充，海上丝绸之路的影响力在后期愈益彰显。在几千年的悠悠历史长河中，海上丝绸之路不仅见证了中外交往的发展历程，更见证了沿途城邦的兴衰更替。它就像一位饱经沧桑的老者，肚子里装满了学问，眼睛里充溢着智慧，要想探一探深浅，就得清楚它从何处来，又将到何处去。

海上丝绸之路的由来

"丝绸之路"一名，在中国古代典籍中未见记载。最早提出"丝绸之

李希霍芬

路"名称者也并非是中国学者，而是普鲁士（德国）自然地理学家、地质学家李希霍芬（1833—1905）。他于1868—1872年对中国进行了7次考察活动，后于1877—1912年在德国陆续出版其五卷本著作《中国：亲身旅行及以旅行为基础进行研究的成果》。在1877年出版的第一卷中，他谈到中国经西域到希腊、罗马的陆上交通路线时，首次使用了"丝绸之路"这一名称，并加以详细论述。又在一张地图上提到了"海上丝绸之路"的概念，但未做阐释。之后，法国著名汉学家沙畹（1865—1918）在其所著的《西突厥史料》一书中提出"丝绸之路"有陆、海两条，云："丝路有陆、海二道，北道出康居，南道为通印度诸港之海道，以婆庐羯泚为要港。"由此才有了"海上丝绸之路"的称谓。

1933年10月21日，南京国民政府铁道部顾问、铁道部西北公路查勘队队长、瑞典人斯文·赫定率领的考察队从北京出发到西安，经河西走廊，然后沿着罗布泊北岸和孔雀河直至库尔勒，最后北上乌鲁木齐回北京，对"丝绸之路"进行了历时三年（1933—1935）的考察，随后陆续编撰了《马仲英逃亡记》（原名《大马的逃亡》）、《丝绸之路》和《游移的湖》三本探险著作，称之为"战争""道路"和"湖泊"三部曲，共70多万字。这些著作后来被译成多国文字，向全球介绍"丝绸之路"。他还肯定地介绍了一条从海上运输中国丝绸到地中海国家的"海上丝绸之路"，称："在楼兰被废弃之前，大部分丝绸贸易已开始从海路运往印度、阿拉伯、埃及和地中海沿岸城镇。"此后，中外学人开始接受并广泛使用"丝绸之路"和"海上丝绸之路"的提法，关于此主题的学术成果也随之不断涌现。

1987年，联合国教科文组织决定对"丝绸之路"进行国际性的全面研究，并实施"1987—1997年'丝绸之路：对话之路综合考察'十年规划"大型项目。1990年10月23日，联合国教科文组织发起"海上丝绸之路"综合考察，由30多个国家的50多位科学家和新闻记者组成的海上远征队，乘坐由阿曼苏丹国王室提供的"和平方舟"号考察船，从意大利的威尼斯港启航，先后经过16个国家的20多个港口城市，历经近4个月，行程21000公里，于1991年2月抵达中国泉州。远征队在考察途中，发现了不同历史时期中国所产的丝绸，数以万计的中国瓷器和货币，还发现了沉没于海底的中国古代商船。这些都充分证明了"海上丝绸之路"的存在和繁盛。

海上丝绸之路的发展脉络

与陆上丝绸之路一样，海上丝绸之路也是中外贸易往来和文化交流的通道，海上丝绸之路自先秦开始，一直贯穿整个中国古代社会。中国的海上丝绸之路主要分为两大航线，分别是东海航线和南海航线，其中主要以南海航线为中心。

先秦

开创期

早在新石器时代，我们的祖先就因渔猎的需要，开始"刳木为舟，剡木为楫"，制造船只。在浙江河姆渡原始社会遗址中，就发现有这种古船的桨。夏朝的统治者已经"东狩于海，获大鱼"。殷墟出土的鲸鱼胛骨，证明商代可能已经有了航海活动。而《诗经·商颂》中有"相土烈烈，海外有截"，可知当时我国同海外各民族已经有了往来。

"越裳献雉，倭人贡鬯（畅）"中的"越"就是今日的越南，而倭就是今天的日本。早在西周时，我国通过海路东与日本，南同越南已有了往来。

春秋战国时期，浙、闽、粤等东南沿海地区的越人"以船为车，以楫为马，往若飘风，去则难从"，显然已经掌握了相当熟练的航海技术，海上活动频繁。

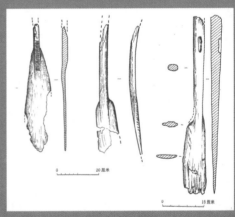

河姆渡第一期文化木桨
（引自浙江省文物考古研究所：《河姆渡——新石器时代遗址考古发掘报告（上）》，北京：文物出版社，2003年）

形成期

　　秦始皇统一华夏后，遂派遣方士徐福带领数千童男童女、五谷百艺，从山东胶南县出发，寻求海上仙岛、仙山的长生不老药。有传闻说他到了日本，在日本传授耕作、纺织和冶炼的技术。

　　当时的岭南地区在被纳入中央的统一管理后，发展也很快。主要的贸易港口有番禺（今广州）和徐闻。番禺地区已经拥有相当规模和技术水平很高的造船业，为海上丝绸之路的形成奠定了基础。根据出土文物并结合古文献的研究，表明南越国已能制造25~30吨的木楼船，并与海外有了相当的交往。南越国的输出品主要有漆器、丝织品、陶器和青铜器，输入品有"珠玑、犀（牛）、玳瑁、果、布之凑"。

秦代造船遗址
（来源于南越王博物院）

　　西汉中晚期到东汉时期，海上丝绸之路真正形成并开始发展。西汉时期，岭南与印度半岛之间的海路已经开通。汉武帝灭南越国后，凭借海路拓宽了海贸规模。《汉书·地理志》记载，其航线为：从徐闻（今广东徐闻县境内）、合浦（今广西合浦县境内）出发，经南海可达都元国（今印度尼西亚苏门答腊岛东北部，一说在今马来半岛南部）、邑卢没国（今缅甸勃固附近），到达印度半岛南部的黄支国和已程不国（今斯里兰卡）。这是目前可见的有关海上丝绸之路最早的文字记载。

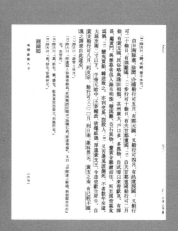

《汉书·地理志》有关丝绸之路的记载

东汉时期，航船已使用风帆。中国商人从番禺（今广州）出发，经海路运送丝绸、瓷器，过马六甲，经苏门答腊到印度，采购香料、染料运回中国；印度商人再把丝绸、瓷器经过红海运往埃及的开罗港或经波斯湾进入两河流域到达安条克；再由希腊、罗马商人从埃及的亚历山大、加沙等港口经地中海运往希腊、罗马两大帝国的大小城邦。

如此，从中国番禺、徐闻及合浦等港口启航西行，与从地中海、波斯湾、印度洋沿海港口出发往东航行的海上航线，就在印度洋上相遇并实现了对接，中国东南沿海地区成为海上丝绸之路的始发地。这标志着横贯亚、非、欧三大洲的海上丝绸之路正式形成。随着汉代种桑养蚕以及纺织业的发展，丝织品成为这一时期的主要输出品。

发展期

汉末，丝绸之路开始逐步从陆地转向海洋，是承前启后的关键时期。三国时期，孙吴因为同曹魏、刘蜀在长江上频繁作战，加之海上交通的需要，故发展水军的积极性颇高，以至船舰的设计与制造有了很大的进步。

三国之后，其他南方政权也一直与北方对峙，这也促使了航海技术的进步以及航海经验的积累，为海上丝绸之路的发展提供了良好的条件。另一方面，当时的丝织业已远超两汉时的水平与规模，官营丝织业开始出现，并有了一定的创新与发展。出海远航的主客观条件都已经具备，海上丝绸之路得到了进一步的发展。

南海海上丝绸之路的发展主要表现在以下几个方面：一是广州港兴起，取代徐闻、合浦成为中国主要的对外贸易港，人们可从广州取道西沙海域直航东南亚各国；二是海上丝绸之路在汉代的基础上向西延伸。这一时期，大量新式农作物、技艺及宗教等通过海路传到中国。另外，东海海上丝绸之路也得到了延伸，航线南移，大大缩短了中日之间的航程，方便了双方的往来。

广州西来初地，相传南朝梁武帝时，天竺国高僧菩提达摩从海路东渡中土在此处登岸

繁盛期

　　隋唐时期，统一的国家和经济重心的逐渐南移，为海上丝绸之路的繁盛提供了坚实的物质基础。加之西域战火不断，陆上丝绸之路被战争阻断，也从客观上推动了海上丝绸之路走向繁盛。隋唐时期对海外贸易采取保护、鼓励政策，吸引外商到来，尤其是唐朝在广州首设市舶院，征收关税，海上贸易逐渐成为国家收入的重要来源。

　　隋炀帝大力发展南方及海外交通，先后用兵交州（今中国广东、广西，越南北部和中部）、林邑（位于中南半岛东部），使南洋诸国遣使入贡。唐时国力空前强盛，心态包容，国门大开，与海外诸国往来频繁，开拓了一条沟通亚、非、欧的海上丝绸之路，时人称其为"广州通海夷道"。

　　据《新唐书·地理志》记载，这条海上丝绸之路从广州出发，穿过南海、马六甲海峡，进入印度洋、波斯湾，辗转可抵达东非海岸，途径90多个国家和地区，全程1.4万公里，是唐代最重要、最长的海上交通航线。沿线岛礁出水了不少唐朝陶器和钱币等文物，证实了航线的存在。唐时往来广州的商船不断，商人聚集于今广州光塔路一带，时称"蕃坊"。伊斯兰教、景教、祆教等宗教也假道传入中国，如今在广州等地依然存留有相关历史遗迹。唐时，高僧鉴真多次东渡日本，并在日本传播佛法。

唐·伎乐纹八棱金杯
"黑石号"出水
（新加坡亚洲文明博物馆藏）

唐·长沙窑青釉褐斑模印贴花狮纹双系壶
"黑石号"出水
（新加坡亚洲文明博物馆藏）

南汉·"乾亨重宝"铅钱
（南越王宫博物馆藏）

　　五代时期，割据岭南的南汉政权重视海上贸易，鼓励通商，大获其利。印坦沉船上就发现了南汉时期所用"乾亨重宝"的铅钱数百枚，证实了当时南汉与海外的贸易往来。

鼎盛期

宋代，造船技术和航海技术明显提高，指南针广泛应用于航海，海图也开始正式使用，船只可以直接放洋，而不必沿海岸航行，中国商船的远航能力大为增强。元丰三年（1080），宋朝政府制定并颁布了《元丰广州市舶条法》，这是中国历史上第一部系统性较强的外贸管理法则，对外贸易朝着规范化的方向迈进。《岭外代答》《诸蕃志》《南海志》《岛夷志略》等介绍海外物产、民风的著作相继问世，更显示了宋元海上贸易的繁荣。

宋代在广州设立市舶司，管理海上贸易。宋元交替之际，广州遭到破坏，海上丝绸之路中心移到泉州。《马可·波罗游记》记载："刺桐（泉州）是世界上最大的港口之一，大批

提举市舶司　掌蕃货海舶征榷贸易之事，以来远人，通远物。元祐初，诏福建路於泉州置司。大观元年，复置浙、广、福建三路市舶提举官。不报。建炎初，罢浙、福建市舶归转运司，未几复置。绍兴二十九年，臣僚言："福建、广南各置务於一州，而两浙市舶乃分建於五所。"乾道初，臣僚又言两浙市舶一司抽解搔扰之弊，且言福建、广南皆有市舶，物货浩瀚，置官提举实宜，惟两浙冗蠹可罢。从之。仍委逐处知州、通判、知县、监官同检视，而转运司总之。

提举河北籴便司　掌籴籴以供边储之用。

提点开封府界诸县镇公事　掌察畿内县镇刑狱、盗贼、场务、河渠之事。

提举学事司　掌一路州县学政，岁巡所部以察师儒之优劣、生员之勤惰，而专举刺之事。崇宁二年置，宣和三年罢。

提举制置解盐便司　掌盐泽之禁令，使民入粟塞下，予钞给蠆，以足民用而实边备。

志第一百二十　职官七　三九七

《宋史》有关"市舶司"的记载

泉州清净寺，始建于北宋大中祥符二年（1009年），是阿拉伯穆斯林在中国创建的现存最古老的伊斯兰教寺

商人云集这里，货物堆积如山。"

在宋元时期，支撑海上丝绸之路的主要大宗商品，由原来的丝绸变为瓷器。宋代朱彧所著的《萍洲可谈》载："舶船深阔各数十丈，商人分占贮货，人得数尺许，下以贮物，夜卧其上。货多陶器，大小相套，无少隙地。"也就是说，船中主要是瓷器，这些瓷器堆满了船舱，人晚上只能挤在货物上睡觉。

在中国瓷器的影响下，世界各国的制瓷工业从仿制到创新，均有了极大的进步，从而一定程度上促进了当地文化的兴盛与经济的发展。

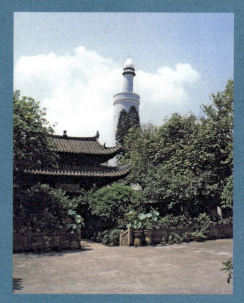

广州怀圣寺光塔，始建于唐贞观二年（627 年），系伊斯兰教古迹，具有鲜明的阿拉伯风格

近年来的水下考古发现，也证实了宋元海上丝绸之路的繁盛。1974 年在泉州湾发现了一艘宋代沉船，出水了陶瓷器、铜钱以及各种果核。2007 年在阳江海域打捞出水的南宋沉船"南海Ⅰ号"，截至目前已经出水包括陶瓷器、金银器、铁器、漆器等在内共 18 万余件文物。此外，还有西沙群岛的"华光礁Ⅰ号"。

伴随着宋代航海活动的兴盛，航海保护神妈祖也应运而生，且庙宇广布，信徒遍及海内外。妈祖信仰传承几百年而不衰，成为海上丝绸之路的重要表征。

由盛转衰期

《东西洋考》所载"西洋针路"

15 ～ 18 世纪，是人类历史上发生重大变革的时代。欧洲相继进行全球性海上扩张活动，特别是地理大发现，开启了大航海时代。西欧商人的海上扩张，改变了传统海上丝绸之路和平贸易的基调，商业活动常常伴随着战争硝烟和武装抢掠。

明朝早期，郑和率

船队七下西洋，船队规模之大，船只和海员数量之多，历时之久，均开创了中国远洋航海的新篇章，船队到达亚洲、非洲等大洲的 39 个国家和地区，这对后来达·伽马开辟欧洲到印度的航线，以及对麦哲伦的环球航行，都具有先导作用。

但明朝又以遏制张士诚、方国珍以及防范倭寇为借口，实施海禁，使宋元时期形成的海上丝绸之路的大好局势随之逆转。海禁使民间海外贸易被逼成为走私行为，福建漳州月港、浙江宁波双屿港、广东潮州港和南澳岛，成为当时有名的走私贸易港。

利玛窦和徐光启像
（意大利罗马国家中央图书馆藏）

清代，由于政府实行海禁政策，广州成为中国唯一对外开放的贸易大港。广州的海上贸易，比之唐宋两代获得了更大的发展，形成了空前的全球性大循环贸易，并且一直延续并保持到鸦片战争前夕。鸦片战争后，中国海权丧失，沦为西方列强的半殖民地。中国沿海口岸被迫开放，成为西方倾销商品的市场。列强不断从中国掠夺资源，并垄断了中国的丝、瓷、茶等商品的出口贸易。从此，海上丝绸之路一蹶不振，进入衰落期。这种状况一直贯穿整个民国时期，直至新中国成立。

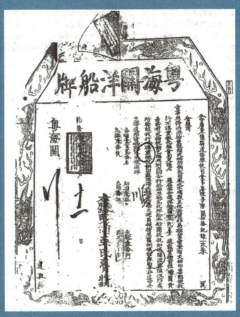

粤海关洋船牌
（引自黄启臣：《广东海上丝绸之路史》，广州：广东经济出版社，2003 年）

大
西
洋

大
西
洋
方
向

里斯本

伊斯坦布尔　安卡拉　哈萨拉
比雷埃夫斯
亚历山大

德黑兰

阿拉ブ
塔什干　奥什
墩马尔罕
马鲁　　杜尚别　　疏
巴尔赫　　　莎车

阿巴斯港
瓜达尔
利雅得
多哈　迪拜

新德里
孟买

苏丹港　吉达

吉布提港

印
度
洋
方
向

内罗毕

科伦坡

印　　　度

比例尺

1:100 000 000

0　　1000　　2000（km）

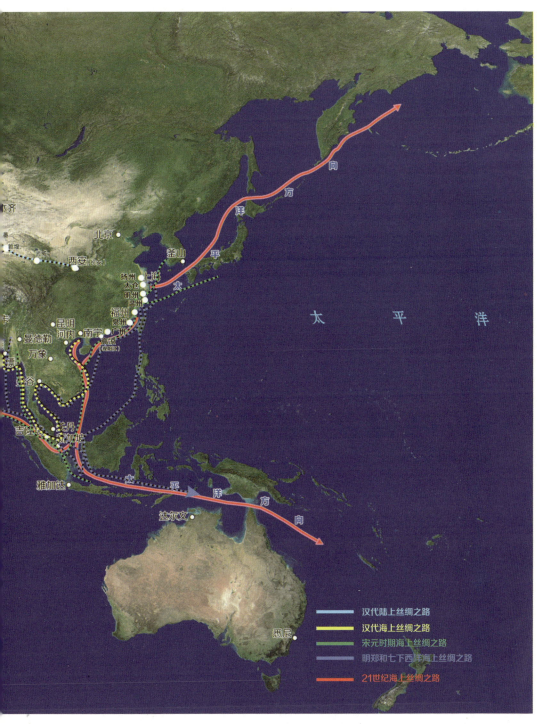

太 平 洋

北京
西安(长安)
扬州
太仓
明州
福州
泉州
昆明
河内
南宁
广州
曼德勒
万象
吉隆坡
雅加达

釜山
上海

太平洋方向
太平洋方向

达尔文

悉尼

▬▬▬	汉代陆上丝绸之路
▬▬▬	汉代海上丝绸之路
▬▬▬	宋元时期海上丝绸之路
▬▬▬	明郑和七下西洋海上丝绸之路
▬▬▬	21世纪海上丝绸之路

古今丝绸之路示意图

21 世纪海上丝绸之路的提出

海上丝绸之路自秦汉时期开通以来，一直是沟通东西方经济文化交流的重要桥梁，而东南亚地区自古就是海上丝绸之路的重要枢纽和组成部分。中国着眼于与东盟建立战略伙伴关系十周年这一新的历史起点，为进一步深化与东盟的合作，提出"21 世纪海上丝绸之路"的构想。2013 年 10 月，中国国家主席习近平在出访东南亚国家期间，提出共建"21 世纪海上丝绸之路"的倡议，得到国际社会高度关注。

2013 年 11 月，十八届三中全会通过的《中共中央关于全面深化改革若干重大问题的决定》明确提出"加快同周边国家和区域基础设施互联互通建设，推进丝绸之路经济带、海上丝绸之路建设，形成全方位开放新格局"。同年 12 月，中央经济工作会议提出"推进丝绸之路经济带建设，建设 21 世纪海上丝绸之路"。

2015 年 2 月 1 日，推进"一带一路"建设工作会议在北京召开。同年 3 月，经国务院授权发布《推动共建丝绸之路经济带和 21 世纪海上丝绸之路的愿景与行动》。

2015 年 3 月 28 日，博鳌亚洲论坛开幕式上，习近平发表主旨演讲，表示"一带一路"建设不是要替代现有地区合作机制和倡议，而是要在已有基础上，推动沿线各国实现经济战略相互对接，优势互补。

当前，我国正在"一带一路"倡议下进行社会主义经济文化建设，将中国的复兴与"一带一路"沿线国家的繁荣紧密联系在一起，努力实现共同发展。

海上丝绸之路是一条以丝绸为主的中国商品海上贸易之路，也是一条政治、文化、军事、宗教、科技等方面的中外交流之路，甚至可以说它是连接东西方的海上通道。有了它，更加便利地建立了中西方的政治、经济和文化的联系；有了它，更加便利地沟通了人类的物质文明和精神文明；有了它，推动了世界各国的经济与社会的发展，加速了人类文明的进步。

　　历史证明，海上丝绸之路带动的不同文化的交流碰撞，推动了世界的进步和发展，国际化视野的开放交流也因此成为世界发展的思想共识。当下，中国正在启动与东盟及世界各国共建21世纪海上丝绸之路，历史上曾创下的海洋经济观念、和谐共荣意识、多元共生意愿，将为国家发展再次提供丰厚的历史基础。"友善、包容、互惠、共生、坚韧"的海上丝绸之路的文化内涵，对于建设21世纪海上丝绸之路，对于中国与世界更深层次的互动，无疑具有深刻的启迪和极其重要的当代意义。

（何绪军）

向海而兴 宋人的航海时代

从来没有一艘沉船，能像它一样，吸引如此多的目光，让如此多的人念念不忘。长达二十年的打捞准备，十多年的考古发掘，国内外各大媒体争相报道，民众热切关注，它早已闻名遐迩，却仍有无数的谜团等待着人们去破解。

考古专家称它是来自古代的时间胶囊，封存着先民探索大洋的足迹，是打开古代中国航海历史大门的钥匙。这艘沉船，就是被后人命名为"南海 I 号"的南宋远洋贸易商船。

"南海 I 号"满载一船货物，自福建泉州出发，航行至广东阳江附近海域而沉没。同一时代，还有数以万计的海船，驰骋于海上，往返于多个

"南海Ⅰ号"仿古船
广东海上丝绸之路博物馆根据目前所能掌握的南宋沉船"南海Ⅰ号"有关数据，
参照宋代福船造型，辅以广船部分特点，等比例仿制而成

国家与地区。

航海时代的到来

古代中国对外交往有陆地和海洋两条通道，称为陆上丝绸之路和海上丝绸之路。关于这两条通道，最早的史籍记载在汉武帝时期。到了宋代，北方战乱频繁，陆上丝绸之路大受影响，加之南方经济繁荣，科技发展迅速，海外贸易在南方得以蓬勃发展，因此，海洋在宋代受到了前所未有的重视。

通过海洋进行贸易，一大基础是农业上的保障。宋代，是我国古代农业发达时期。自北宋开始，就出台了"田制不立""不抑兼并"以及鼓励垦荒等政策，促使农民积极垦荒，也让地主阶层实行规模经营，设法提高了生产效益；同时随着弯锄、铁耙、铁铧、龙骨翻车等生产工具的进步，也大大提高了生产效率。著名史学家蒙文通先生考据，宋代平均每亩产量约 2 石，比唐代约高 30%；其他经济作物，如茶、棉花、甘蔗、桑蚕等，产量也均高于唐朝。

另一方面，这样的政策也致使土地兼并加剧，使部分农民失去土地，社会剩余劳动力大量出现。为解决这一问题，宋朝政府积极发展工商、采矿、纺织、加工业等行业，成语"五行八作"就在此时期产生。各行各业的发展，给宋代统治者带来了大量的收益，传统的重农抑商观念也逐步被农商并重的新思想所取代，商业在社会经济中的作用日益提高。宋代经济灵活、发达，有别于之前的任何朝代。

随着人口的不断增加，商业经济发展到了一定程度，如何更好地发展，如何缓和各类矛盾，就成为摆在统治者面前急需解决的难题。与更远的国家和地区通商，开展贸易，互通有无，无疑是一个好办法。

南宋蔡絛《铁围山丛谈》载："国朝西北有二敌，南有交趾，故九夷八蛮，罕所通道。"《宋史》载："今四夷荡然与中国通，在北则臣契丹，其西则臣元昊。"这些都表明西北的陆上丝绸之路阻碍重重。因此，宋代尤其南宋，无论是统治阶层还是平民百姓，都把目光投向了海洋，投向了海外广阔的天地。

海洋大约占地球面积的 71%，陆地多被海洋阻隔，而且陆地也不是一片坦途，多有天堑难通。加之古代交通不发达，不同地域之间的人群互相交流非常困难。曾几何时，人们不畏艰辛，不断尝试，努力发展船海技术，希望能将海洋变通途。

领先世界的造船技艺

在中国，造船和航海技术有着悠久的历史，杭州跨湖桥遗址中就出土了一条 8000 年前的独木舟。秦汉时期，中国先民便掌握了季风规律并将其应用于航海，还开辟出了海上丝绸之路航线，远航至印度洋沿岸。宋代造船与航海技术更为进步，造船技术日益完备，无论从船舶的数量，还是船舶动力、船舶性能、船舶结构、水密隔舱、航行安全稳定等方面都有很大的提高。

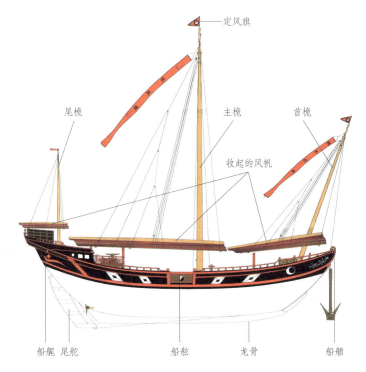

定风旗

尾椗　　　　　　　　　　主桅　　　　首桅

收起的风帆

船艒　尾舵　　　　　船舷　　　龙骨　　　船艏

中国古代三大船型之福船

　　宋代官造与民造船场众多，据《宋会要辑稿》记载，宋代的造船地点
有明州（宁波）、泉州等24地。这一时期，许多地方设有官造船场，明、
温、吉、赣等州，年造船量都在二三百艘以上。仅明州、温州两地的年造
船量就多达600艘。吉州（江西吉安）船场还曾创下年产1300多艘的记录。
宋军用的海战船，不仅官方营造，还有征用的民船，民船之多可见一斑。

　　宋代海船甲板平整，船舷下削如刃，船的横断面为V形，尖底船下
设置贯通首尾的龙骨，用来支撑船身，使船只更坚固，同时吃水深，抗御
风浪能力十分强。"南海Ⅰ号"沉船的木质船体残长约22.15米，船体保
存最大船宽约9.35米，船体船型宽扁，船艏平头微起翘，两侧船舷略弧曲，
艏、艉部弧收，具有一定的型深。它长宽比例小，安全系数高，耐波性好，
装货量大，属短肥船型，当属中国古代三大船型之一的"福船"。"南海

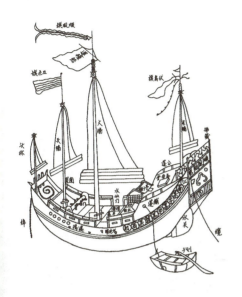

中国古代三大船型之沙船

中国古代三大船型之广船

Ⅰ号"与福建泉州湾后渚沉船、海南西沙"华光礁Ⅰ号"沉船结构相近，共同反映了南宋远洋商船制造技术的高超及其工艺特征。

航海技术助推贸易兴盛

宋代，地文、天文、仪器等导航技术成熟并应用于航海。北宋宣和年间，朱彧著《萍洲可谈》记载："舟师识地理，夜则观星，昼则观日，阴晦观指南针。"这表明，宋代海船已经有了全天候的导航方法，这对航海而言，无疑是质的飞跃。

造船与航海技术的进步，助推了海上贸易的兴盛。据宋《岭外代答》《云麓漫钞》《诸蕃志》等典籍记载，当时与中国有贸易往来的国家和地区至少在 60 个以上。宋代的航船开辟出了东、西航线，往东可到达高

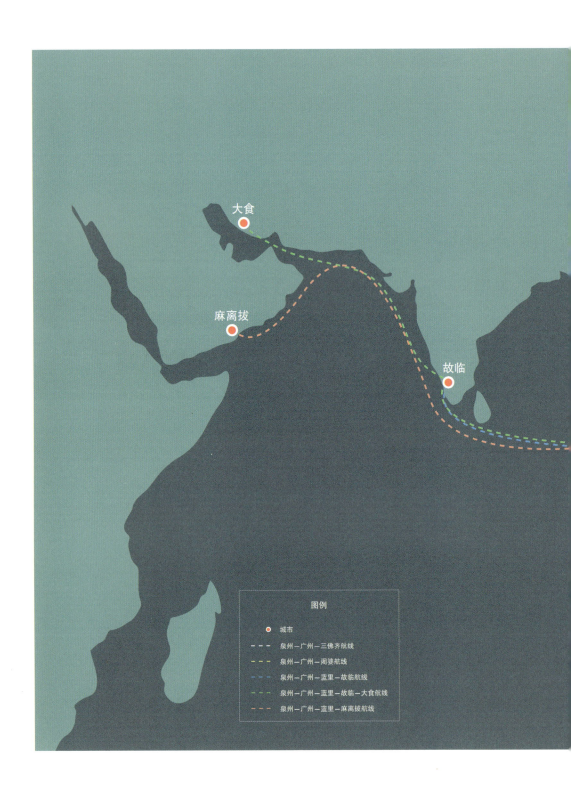

大食

麻离拔

故临

图例

● 城市

- - - 泉州—广州—三佛齐航线
- - - 泉州—广州—阇婆航线
- - - 泉州—广州—蓝里—故临航线
- - - 泉州—广州—蓝里—故临—大食航线
- - - 泉州—广州—蓝里—麻离拔航线

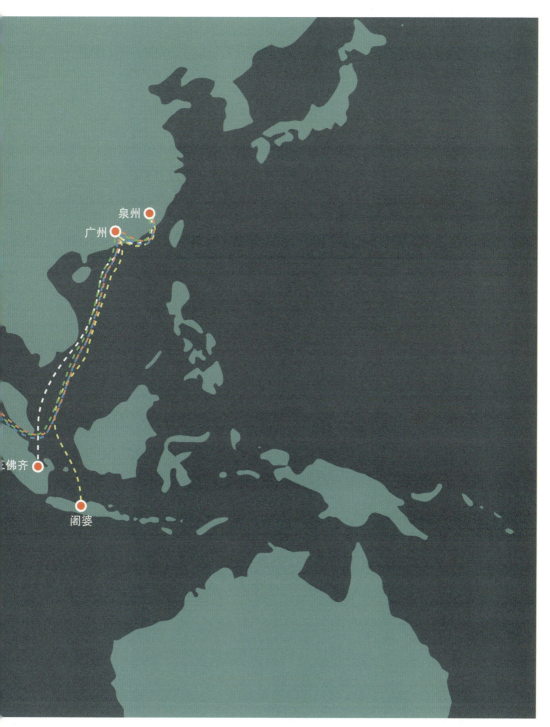

泉州

广州

三佛齐

阇婆

南海Ⅰ号航线推测示意图

丽、日本等，往西足迹最远可达红海附近及东非沿岸。

2019 年，考古学家们确定"南海Ⅰ号"沉船是从泉州港始发。南宋时期，泉州港是中国第一大海港。当时的外国商人多居住在泉州城东南隅的"番人巷"，这些番商带来了犀象、珠玑、玻璃、玛瑙、香料、胡椒等货物，运回丝绸，瓷器等商品，与中国海商共同缔造了这个"市井十洲人""涨海声中万国商"的繁荣东方大港。

根据史料记载进行推测，"南海Ⅰ号"的西行航路有以下几个可能。

泉州—广州—三佛齐航线

三佛齐，位于今苏门答腊岛东南，从广州到三佛齐需航行 38 天。三佛齐古称室利佛逝国，在宋时是东南亚海上强国，扼马六甲海峡，是东西方远洋航船产品集散地和通向印度洋的必经停泊点。

泉州—广州—阇婆航线

阇婆，位于今爪哇岛，在宋代时富饶超过三佛齐，是胡椒的集散地。中国以丝织品、茶、瓷器、铁器、农具等和阇婆的檀香、茴香、犀角、象牙、珍珠、水晶、胡椒等进行贸易。

泉州—广州—蓝里—故临航线

蓝里，位于今苏门答腊西北端班达亚齐，当太平洋与印度洋航行要冲，盛产象牙、苏木、白锡等。从广州至蓝里需航行 40 天，过冬后第二年再航行一个月到故临（今印度西南角海岸奎隆一带）。

泉州—广州—蓝里—故临—大食航线

这条路线基本与唐代的"广州通海夷道"重合，起点在中国，终点在波斯湾。中国把丝织品、瓷器、纸张、麝香等运至阿拉伯地区，再运回香料、药材、犀角、珠玉等。

泉州—广州—蓝里—麻离拔航线

麻离拔，地处阿拉伯半岛南部的卡马尔湾头（今属也门），盛产乳香、龙涎、犀角、象牙、没药等，水陆交通发达。大食及非洲诸国都到此贸易。《岭外代答》记载中国人在此"博买苏木、白锡、常白藤，住至次冬再乘东北风，六十日顺风，方到中国"。

宋代航海的政与商

《宋会要》载有宋真宗所述："市舶之利最厚，若措置合宜，所得动以百万计。"海外贸易所得，"皆所以助国家经常之费"，内供给京城，外实边郡，间遇上水旱等自然灾害，还可作救济用途。南宋偏安南方，国家财政只能依靠半壁江山，海外贸易收入占据了财政收入的重要地位，因而设置相应的管理机构甚为必要。宋代（960—1279）300 多年的时间里，政府曾先后在广州、明州（今宁波）、临安（今杭州）、泉州、福州、温州、密州（今诸城）等近十个港口设立过 13 个名目不同的市舶管理机构，形成了路市舶司和州市舶务的两级管理体系。

为加强对海外贸易的管理，宋神宗元丰三年（1080）还颁布了目前所

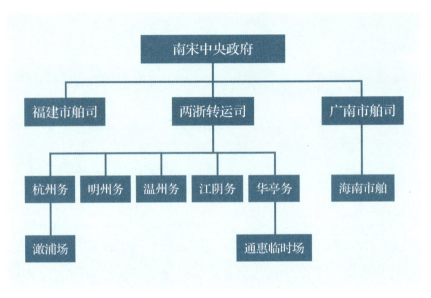

南宋市舶司机构隶属关系示意图（公元 1166 年后）

知世界上最早的成文海商法《元丰广州市舶条法》，适用于全国各市舶司。市舶司的主要职能是对进出港口从事海外贸易和国内沿海贸易的人、船、货进行管理，包括管理舶货贸易，给中国商船发放出口许可证——公凭，查验出入港的商船及船货，对入港货物进行抽解和博买，抽解、博买货物的运输和出售，接待番商和贡使，为商船祈风祭神等。

海外贸易所获之利，对朝廷都如此重要，民间自然更是趋之若鹜。宋《敝帚稿略》卷一中称："贩海之商，无非豪富之民，江、淮、闽、浙处处有之。"这说明海商豪富且数量众多，而在当时，从事海外贸易的不仅仅是这些"豪富之民"，还涉及社会各阶层。绍兴三十年（1160），有旨下令福建路安抚司籍募土豪、水手。"漳、泉、福、兴积募到船三百六十

九日山祈风石刻

只，水手一万四千人"，仅福建路这几地，便可从民间募得 14000 名水手，数量当真惊人。

宋代大海商，一般自行制作海船，投资贸易。在福建，"漳、泉、福、兴化，凡滨海之民所造舟船，乃自备财力，兴贩牟利"。在杭州也有很多大海商，"杭城富室多是外郡寄寓之人，盖此郡凤凰山谓之客山，其山高木秀皆荫及寄寓者。其寄寓人多为江商海贾，穷桅巨舶，安行于烟涛渺莽之中，四方百货，不趾而集，自此成家立业者众矣"。大海商要么亲自担任纲首（船长），率领船队出海贸易，要么雇佣行业船老大带领船队，自己担任后台老板。

大海商之外，又有中小海商。其中有一类叫"海船户"，"大抵海船之家，少中上户，轻声射利，仅活妻孥者皆是"。宋代海船户，多因缺乏足够的本钱筹集货物，雇请水手，贩海乏力，但他们会将自己的小帆船租赁给其他海商，赚点"船脚糜费"。"船脚糜费"一般采用"货物抽成"的方式，通常为货物的十五分之一。还有一类小海商，宋人称为"贴客"。所谓"贴客"，是指在大海船上租用部分空间，带货出航的人。大海船"深阔各数十丈，商人分占贮货，人得数尺许，下以贮物，夜卧其上，货多陶器，大小相套，无少隙地"，正是这种情况的写照。宋代海外贸易商船上的船员，往往也是"小海商"。按宋代行规，船主可以不向船员、水手支付薪酬，而用"以舱代薪"的方式，让他们在航海的同时也可做自己的生意，赚取报酬。

"南海Ⅰ号"发掘出不少陶瓷器，其底部多以笔墨书写文字或者符号等。墨书最少者只有一字，最多的可达六字，一般都书写于器物外底露胎处，少数书写于下腹部露胎处等其他位置。墨书主要是标记货主或者商号、器物用途等。这些墨书所见书体不一，以楷书、行书较多。部分墨书虽然内容相同，但写法不同，或为不同人书写。

宋代海外贸易也有类似股份制、合伙经营等合作模式。有"带泄者"（入股人），"乃以钱附搭其船，转相结托，以买番货而归，少或十贯，多或百贯，常获数倍之货"。意思是说，有些人会用银钱入股商船，让商船带资金到外国采购货物，再运回中国贩卖，这样经常能获利数倍。而当时船商的社会地位也不低，所以这种方式对人们来说还是有吸引力的。据记载，南宋绍兴六年（1136），泉州知州连南夫奏请："诸市舶纲首，能招诱舶舟，抽解物货，累价及五万贯、十万贯者，补官有差。"意思是说，让朝廷出台相关政策，用官位来奖励在海洋贸易中为朝廷带来丰厚利润的船商。阿拉伯商人蒲罗辛贩卖乳香达30万，纲首蔡景芳招诱船货，收息钱达98万，都各补授从九品"承信郎"官衔，被赐予"公服履笏"。

向海而生，向海而兴。这是宋代从上到下的共识。开放的市舶制度，多样的参与渠道，诱人的商业利润，还有崇高的社会地位，吸引了大量宋人加入海外贸易的行列，投身于海舶，出没风波里，"南海 I 号"就是这个时期的重要实物遗证。在800多年前，秋冬季的东南港口，东北季风即将来临，官员们在进行完祈风仪式后，无数如同"南海 I 号"一样的船只，千帆竞流，浩浩荡荡奔向大洋，汇聚成古代中国的大航海时代。

（郭亨文）

因缘际会 南海发现神秘沉船

发现一艘船，需要多长时间？可能只需要一分钟，因为发现者就站在海岸边，这附近还有一座能随时可以停泊的海港；也可能需要很久很久，因为发现者距离有船的地方，隔山又隔海，更重要的是，他没有多少靠近一艘船的欲望。要是再跟你说，这是一艘宋代的船，还是一艘沉没在深海的船呢？那恐怕就不是时间的问题了。

因为一个意外，沉船初露端倪

20 世纪 80 年代初，海底寻宝成为一个热门话题，新奇的探险经历和难以想象的巨额财富，都吸引着无数的人投入这场新奇的活动当中。当时，

1987年，意外发现"南海 I 号"时打捞出水的金腰带

英国海洋探测打捞公司根据相关文献记载，想寻找一艘沉没于下川岛附近海域的荷兰东印度公司商船——"莱茵堡"号，随即向中国政府主管部门提出申请。经有关部门批准，中方决定采取合作形式，并指定交通部广州救助打捞局参与打捞。1987 年 8 月，打捞工作正式开始。随即两家共同组建队伍，在广东西南海域搜寻这艘 19 世纪东印度公司的沉船，搜寻方式主要用抓斗抓捞海底淤泥。经过无数次的失望之后，终于有一次抓捞上了大量的文物，包括上百件瓷器、数块银锭、十枚铜钱、一件锡壶，还有一条长 172 厘米的金腰带。

这一切都让船上的人既惊又喜，惊得是这跟"莱茵堡"号压根就不会有任何关系，喜的是这些宝物的价值早已经远远超过了他们对"莱茵堡"

号沉船的期待。现场的中方人员立即停止打捞工作，并将这一发现上报给广东省文物主管部门，文物也一并移交给了广东省博物馆。

发现过程一波三折

发现沉船的海域位于传统的海上丝绸之路航线上，专家认为它的历史价值不可估量。经鉴定，第一次打捞上来的这批瓷器是宋元时期我国南方江西景德镇窑、浙江龙泉窑、福建德化窑等著名窑口烧造的。据此初步推断，这批文物应属于宋元时期的一个沉船遗址。因为这一批出水文物非常珍贵，且类型颇为丰富，这个南海沉船遗址发现以后，便引起了中国考古学界的高度关注。但无奈当时我国的水下考古事业才刚刚起步，无论是专业能力，还是技术手段，都不具备进行大规模水下考古作业的能力，于是只能寻求国外的帮助。

1989 年 8 月，中国历史博物馆与日本水中考古学研究所签订了合作进行南海沉船水下考古调查的意向书，并成立"中日联合中国南海沉船调查学术委员会"，中国考古学会理事长苏秉琦先生担任主任委员，日本考古学会会长江上波夫担任副主任委员。

1989 年 11 月，组成了由中国历史博物馆馆长俞伟超先生为队长，日本水中考古学研究所所长田边昭三为副队长的"中日联合南海沉船水下考古调查队"，并将沉船命名为"南海 I 号"。因调查时间选择在东北季风期，海面风浪大，水下能见度极低，这次调查仅发现了一些瓷器残片。这些残

2001 年，考古专家在"南海 I 号"沉没水域进行调查

片经与 1987 年出水文物相对比，可以确认是"南海 I 号"沉船上的遗物，由此确定了沉船遗址的大致方位。但当时的人们，绝不会想到，下一次再探"南海 I 号"，竟然已是十多年后。

2001 年 4 月，在以陈来发为首的"香港中国水下考古研究与探索会"的赞助（包括经费、潜水装备、"印洲塘"号潜水工作船等）下，"南海 I 号"沉船调查工作重新启动。在这次调查中，水下考古队员首次在水下探摸到了沉船遗址上散落的凝结物与文物标本，并对沉船进行了精确定位。同年 10 月，考古队对"南海 I 号"的位置进行了复查，再次探摸到了大量瓷片。通过这一年的工作，"南海 I 号"遗址的重新发现得到了确认。

三十多年后，我们仍在发现的路上

"南海 I 号"遗址调查工作重新开始并取得重大进展，最开心的人莫过我国水下考古的奠基人、"南海 I 号"沉船的命名者——俞伟超先生了。俞伟超先生当时已经重病缠身，听了相关工作汇报后仍然兴奋不已。俞伟超先生在担任中国历史博物馆馆长期间，在中国历史博物馆设立了国内第一个水下考古机构——水下考古学研究室，并于 1989 年担任第一任"南海 I 号"沉船考古队队长，主持了"南海 I 号"沉船的第一次调查工作。

此后，水下考古队于 2002 年 3 ~ 5 月、6 ~ 7 月，2003 年 4 ~ 6 月，2004 年 4 ~ 6 月进行了 4 次大规模的水下探摸和局部试掘工作。在水下工程和职业潜水技术人员的协作下，进行了清淤、抽泥，水下测量、记录、

潜水员顺着定位遗址的绳索，下潜海底

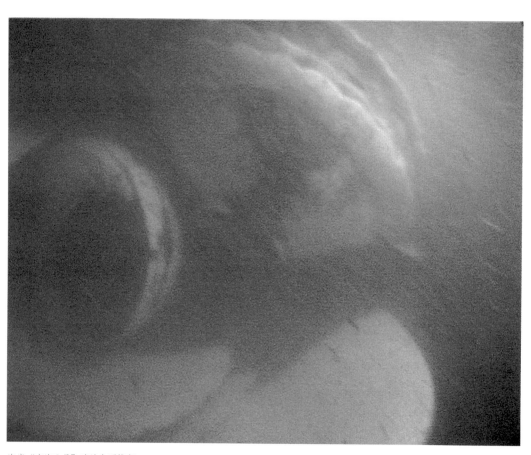

海底"南海Ⅰ号"遗址水下堆积

摄像，采集散落文物、小面积试掘等多项工作，获得了宝贵的原始资料和文物标本。通过这几次工作，水下考古队全面了解和掌握了沉船的规模、堆积情况和保存状况，为下一步编制发掘、打捞和保护方案提供了科学依据。

2005年，在"保护为主，抢救第一"的原则指导下，通过总结发掘经验和反复研究论证，考古队确立了"整体发掘，异地保护"的发掘方案并上报国家文物局进行专家论证。2006年，"南海I号"沉船整体打捞方案获得国家文物局批准。2007年4月9日，"南海I号"整体打捞工作正式启动。沧海桑田，在幽暗海底沉睡了800多年的"南海I号"，终于在此刻，迎来它的归航之旅。

（赵　峰）

备战二十年 打捞一艘船

疑难之际，一个全新的想法出现在考古人员的脑海中，能不能像20世纪30年代考古学家发掘殷墟YH127甲骨坑一样，采用整体取出，异地清理的办法，把"南海Ⅰ号"整个移到一个"新"环境中进行发掘呢？

打捞一艘沉船需要准备多久？如果有人告诉你需要二十年，这还只是个开始，后面可能还需要更久。很多人会目瞪口呆，满脑门的问号：这是一艘什么样的船？到底要准备些什么？为什么一定要打捞它？……

它就是"南海Ⅰ号"，一艘在深海沉睡了800多年的南宋古船，一艘曾经满载货物航行在古代海上丝绸之路上的大型商船，一个可能为我们提供复原古老的黄金商业时代契机的国宝级沉船遗址……

"南海Ⅰ号"出水前，考古专家估算沉船上装有数万件珍贵文物，完全可以跟一个省级博物馆媲美。可这一切还是超出了考古专家的想象。"南海Ⅰ号"的发现时间是1987年，打捞工作开始于2007年，2019年发布最新数据称迄今共出水18万余件文物，而考古发掘工作还在继续。

"南海 I 号"沉没水域暗流多，海水浑浊　　　　　　　　　　　　　　　"南海 I 号"沉没水域能见度极低

打捞工作困难重重

　　"南海 I 号"自 1987 年发现之后，如何打捞船体就是水下考古工作者冥思苦想的一个难题。"南海 I 号"沉没水域海水浑浊，能见度极低，一般在 20 厘米以内，打捞难度极大。加之船体较大，而且埋藏于深达 1.5 米的海底淤泥之下，根本不可能一次完成发掘，初步估计需要两到三个年度。

　　疑难之际，一个全新的想法出现在考古人员的脑海中，能不能像 20 世纪 30 年代考古学家发掘殷墟 YH127 甲骨坑一样，采用整体取出，异地清理的办法，把"南海 I 号"整个移到一个"新"环境中进行发掘呢？如果可以这样做，不但避免了海洋气候、能见度等因素对水下考古造成的不利影响，还能为科学、有计划地开展文物保护和考古发掘工作提供充足的时间和条件，从而最大程度采集各种考古信息。

① 沉井下放海底

② 海底中的"南海 I 号"

③ 沉井下沉并插入海底淤泥,罩着整个沉船

④ 利用混凝土压块,加快沉井插入海底淤泥的速度

⑤ 沉井插入淤泥后，再清理掉沉井四周的淤泥

⑥ 沉井底部插入钢托梁，无底的沉井随即变成有底的沉箱

⑦ 沉箱被吊离海底

⑧ 沉箱迁入广东海上丝绸之路博物馆

⑨ 沉箱迁入博物馆后，封墙注水，还原海底环境

从 2002 年开始,广东省文化厅、国家博物馆、交通部广州打捞局联合华南理工大学、四航局设计院等科研单位进行了《"南海 I 号"整体打捞及保护方案》的技术攻关。国家文物局对这一方案的制订工作高度重视,仅 2005 年至 2006 年间就组织了文物考古、水下工程、岩土力学、海洋打捞、海洋水文气象、环境保护等领域的专家对整体打捞方案进行了四次专家论证。2006 年 6 月,《"南海 I 号"整体打捞及保护方案》最终论证通过,并由广东省文化厅组织实施"南海 I 号"的整体打捞工作。

　　那么,怎样实现"南海 I 号"的整体打捞呢?简单地讲,整体打捞的基本思路就是把"南海 I 号"沉船、船载文物以及沉船周围的泥沙按照原状固定在特制的钢箱内,将分散、易碎的文物一体化、一次性吊浮起运,放置到可人为控制的新水体环境中进行发掘和保护。

　　要了解整体打捞,就不能不先了解沉井。沉井是装载"南海 I 号"的"容器",平面呈"回"字形结构,长 35.7 米,宽 14.4 米,自重 500 吨。沉井由上、下两部分组合而成,其中上沉井高 7.2 米,下沉井高 5 米。为了保证下压和起吊作业的安全,设计者巧妙地构思了沉井的结构和附件。

　　首先是沉井的上、下层结构,可以防止沉井两侧淤泥开挖后,沉井外侧压力减小而导致的箱底淤泥受压向外隆起的危险。同时,下沉井壁的下端被设计成内切的楔形,这样不仅更加方便沉井下压,而且可以防止沉井内部淤泥受压变形。其次是沉井的四壁采用了中空的"双壳体结构"设计,这种结构一方面可以有效防止沉井壁在海水压力下发生变形,另一方面可

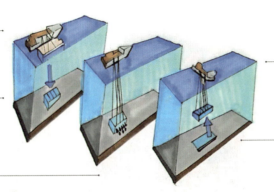

① 运输船将重达 500 吨的沉井运抵"南海 I 号"沉船海域。

② 沉井罩扣在"南海 I 号"上，对下沉井周边进行清淤，用水泥块压在沉井上方，使沉井压入海底。

③ 使用先进的牵引技术，将沉井底部的钢梁准确地由一侧牵引至另一侧。使无底的"井"变成有底的"箱"。

⑤ "华天龙"号将装载着"南海 I 号"的沉箱，连泥带船垂直起吊。

④ 上下沉箱进行切割分离，将上沉箱吊出海面，下沉箱则留在海底。

⑥ 吊起沉箱的同时，半潜驳船将甲板下沉，"华天龙"号的巨型吊臂在水中将沉箱平移至已下潜的半潜驳船甲板上。

⑦ 半潜驳船甲板上浮，托着巨大的沉箱，将"南海 I 号"整体平移至海陵岛"水晶宫"（广东海上丝绸之路博物馆）前面的沙滩边。

⑧ 利用气囊滚动的方法，将装载着"南海 I 号"的沉箱牵引进入水晶宫。

"南海 I 号"整体打捞过程示意

"南海I号"考古打捞钢沉井，分上下结构

以利用中空的"壁"进行灌沙，加大沉井自重，加快沉井下沉到位的速度。设计者还在上沉井外壁预留了两排椭圆形的泄沙孔，当沉井压载到位准备起吊前，就打开泄沙孔排出沉井壁中的泥沙，减轻沉井重量。再次是沉井外壁装配了数十根"高压旋喷定位管"，其作用是在沉井压到位后，将特制的速凝水泥浆注入下沉井外侧的淤泥中，使下沉井外侧淤泥凝固变硬，这样可以起到防止沉井继续下沉并为穿底托梁提供较硬的"工作平台"的作用。最后是沉井顶端半圆形吊点全部设计成向心结构，即这些吊点的方

"南海Ⅰ号"考古打捞钢沉井

向均朝沉井顶部的中心点汇聚，可使连接吊点和吊钩的每条钢缆均衡受力，起到保持沉井平稳起吊的作用。

沉井下放时，先将沉船周边的淤泥清空，根据水下定位确定沉船的位置后，将一个与沉井外围尺寸相同的框架罩在沉船的外围。为了方便沉井下放准确到位，在定位框架外侧打四组定位桩，在钢沉井下放的过程中，可以直接将钢沉井紧贴着定位桩下放，确保钢沉井下放又快又准，同时也为沉井在下压过程中的平稳下沉提供保障。

沉井下沉到预定深度的任务需要通过静压完成，也就是把预制好的水泥沉块依次平稳放置到沉井上部，通过加大沉井重量促使其逐渐下沉。因为采用了静压的方式，沉井在下压过程中不会产生震动，而且下沉速度相对均匀，可以最大限度地保护已罩在沉井内的"南海Ⅰ号"的安全。

沉井下压到位后，就要开始给沉井"封底"了，也就是要变"沉井"为"沉箱"，这时候就要给沉井安装底托梁。这是整个"南海Ⅰ号"打捞过程中技术难度最大的一个环节。可别小看了这些底托梁，它们也是经过精心设计的。底托梁共36根，每根长14.48米、宽0.8米，每根重量约为5吨，设计成中空结构，一端为方形，另一端为倒Y形。这样的设计使底托梁在穿越上沉井下部后，能够与沉井壁紧密契合，更能满足密封性和稳定性的要求。

首先，工程师需要在沉井两侧都挖出长30米、宽40米、深8米的底部平整的工作平面，然后给沉井安装底托梁。

考古人员在"南海 I 号"沉箱水域调查

底托梁的穿引工作由牵引钢丝绳和水下液压拉合千斤顶配合完成，可以提供约 150 吨的牵引力。底托梁的倒 Y 形开叉部同时还装配了高压水喷淋系统，一旦在底托梁穿引过程中遇到的淤泥阻力过大，将启用高压水冲开淤泥，减少摩擦阻力。待 36 根底托梁全部穿引成功，上沉井也"摇身一变"，成为底部封闭的沉箱。然后，潜水员先打开箱体外壁的泄沙孔，让沉箱内壁的泥沙排出"体外"，减轻沉箱重量；再使用水下液压切割工具，将沉箱的上、下两层分离，而切割下来的下沉箱就将作为承载着中国水下考古历史的独特"印记"永留海底。

打捞前的紧张准备

　　这时，把"南海Ⅰ号"及其周围泥沙稳妥固定起来的沉箱已经稳稳地
矗立在海底了，但是怎么把这个巨大的沉箱安全吊起，仍是一个不小的难
题。即使有海水的浮力，沉箱在水下的重量也能达到3000多吨，而一旦
吊出海面，沉箱的重量将会超过4000吨，普通起重船根本无法吊起这样
的"庞然大物"。

　　为了解决这一难题，广州打捞局精心准备了两件"利器"。其一是"华
天龙"号起重船，这条巨轮总长度为175米，宽48米，船底到主甲板的
高度将近17米。这条投资6亿元打造的"起重航母"，可以进行360°

2007年，"南海Ⅰ号"整体打捞工作场景

全回转起吊，起重能力达 4000 吨，是目前亚洲地区起重能力最大的新型船舶，可在七级大风和 2.5 米浪高的海洋环境中维持正常作业。"华天龙"号的起重能力完全可以满足沉箱在不出海面状态下的起吊要求。

保护并装载着"南海Ⅰ号"的沉箱是个庞然大物，重达 5600 吨，要把它安全护送到新家——水晶宫，就要靠另外一个神器——半潜驳船。"华天龙"号的巨臂将沉箱稳稳吊起，然后慢慢放到潜入水中的驳船上，再操纵驳船平稳上升到海面。半潜驳船中部有特制的钢结构板架，板架形状与沉箱底部结构吻合。同时，板架表面还覆盖着一层橡胶，当沉箱被放置到

打捞"南海 I 号"的功臣——"华天龙"号

装载着"南海Ⅰ号"的沉箱起吊成功

"南海Ⅰ号"运抵阳江海陵岛

"南海Ⅰ号"运抵水晶宫

"南海Ⅰ号"运抵水晶宫

"南海Ⅰ号"成功迁入广东海上丝绸之路博物馆（水晶宫）

板架上时，将会把橡胶紧紧压在板架上，可以满足对沉箱底部进行密封的设计要求，防止沉箱内发生海水、淤泥的泄漏，以及由此造成的对"南海Ⅰ号"船体的挤压损坏。半潜驳船将沉箱运送到广东海上丝绸之路博物馆外的临时码头后，利用巨大的气囊铺垫在沉箱的底部，安全地把装载着"南海Ⅰ号"古沉船的沉箱护送到水晶宫内。

从"南海Ⅰ号"整体打捞及保护方案的制订、论证到最终实施的四年中，来自水下考古、文物保护、岩土力学、海洋打捞、水下工程、海洋环境和水温气象等学科专家始终能够密切合作，共同解决面临的各项技术难题，不仅确保了整体打捞的成功和文物的安全，而且在很多技术环节上实现了创新和突破，使之成为世界水下考古领域具有里程碑意义的工作。

（林良迎）

800 多年前的一桩悬案

『南海Ⅰ号』沉没之谜

古代中国航海者多利用季风和洋流更替的规律，其中往东南亚、西亚的航线大约是在每年的十一月初出发，以就北风，顺风顺水。

中国的航海历史十分悠久，早在新石器时代，先民们就已经开始广泛使用船筏之类的水上交通工具。秦汉以来，航船已经普遍使用风力作为驱动，汉代海船已经能扬帆印度洋；三国至南北朝时期，中国船员已涉足波斯湾；隋唐五代至宋元时期，随着锚、帆、舵、水密隔舱、指南针等技术的出现并被广泛应用，当时的海洋贸易船队可抵达红海与东非之滨。

泉州港，古称刺桐，地处福建省东南沿海，在宋代有着"东方第一大港"的美誉，成为当时世界性的经济文化中心，留下了众多历史遗存，彰显着昔日的繁华。

"南海Ⅰ号"是一艘南宋时期从泉州出发的远洋贸易商船，属于中国古代"三大船型"福船、广船、沙船中的福船。什么是福船呢？其实就是

定位"南海Ⅰ号"沉没地点的浮标

指在我国的福建、浙江一带比较流行的船型。这类船，呈单龙骨状，"V"字底，首部尖，尾部宽，两头上翘。正如宋代的《宣和奉使高丽图经》所记载，"上平如衡，下侧如刃"，吃水较深，一般有较大的货舱，货舱往往会有水密隔舱装置，安全性能较高，比较适合装载大量的货物进行远洋贸易。然而，有着如此精良技术和装置的"南海Ⅰ号"，并没有如船主们所料想的那样，为他们带回大笔的财富，却在800多年前不幸沉没在今中国南海广东阳江海域附近。

1987年"南海Ⅰ号"被偶然发现，2007年被整体打捞出水，2009年因为这艘古船而专门建设的博物馆——广东海上丝绸之路博物馆正式对外开放，2013年考古专家开始对这艘船进行全面发掘。截至2021年底，已发掘出各种铁器逾130吨，瓷器、金银器、漆木器、货币等文物超过18万件，引起了业界的广泛关注。

自从"南海Ⅰ号"沉船被发现以来，人们不禁会问："南海Ⅰ号"是因为什么原因而沉没的呢？如果要研究一艘船为什么会沉没，往往离不开以下五个方面的原因。

原因一　超载**？**

　　作为南宋时期的一艘体量中型偏上的木船，"南海Ⅰ号"所发掘出来的文物，加上船员、商旅及其生活生产用品的数量及重量，确实相当大。因此，很多人认为"南海Ⅰ号"沉没的原因不排除超重的可能。不过，如果"南海Ⅰ号"的沉没是因为超载的话，那么它应该离开始发港泉州不久就会沉没，不应该到了阳江海域附近才沉没。显然，"超载说"还难以令人信服。

约 50 名船员
130 吨铁器
船舱内装载 17 万余件陶瓷器

"南海Ⅰ号"船舱满载货物

原因二 触礁？

    除了"南海Ⅰ号"沉船之外，近年来，我国在广东汕头、福建平潭分别发现了明代沉船"南澳Ⅰ号"和清代沉船"碗礁Ⅰ号"。据分析，这两艘船很可能是因触礁而沉没。从沉没姿态来看，"南海Ⅰ号"与"南澳Ⅰ号"都是端坐于海底，有许多相似之处。因此，有不少人怀疑"南海Ⅰ号"同样是因为触礁才沉没的。但是，通过对"南海Ⅰ号"沉船附近海域的勘察发现，虽然南海海域许多地方礁石密布，航行环境险恶，但是在"南海Ⅰ号"沉没的区域周围只有大小帆石，并没有能构成使它触礁沉没的威胁。因此，发生这种情况的可能性几乎不存在。

"南海Ⅰ号"沉没位置示意图

原因三 恶劣天气，导致海难发生？

　　"南海Ⅰ号"沉没的区域，台风等自然灾害频发，这一地区至今还流传着"行船走马三分命"的民谚。大海大浪的杀伤力非常惊人，人们不禁会猜测，"南海Ⅰ号"会不会是由于遇到热带风暴而沉没的呢？但是经过后续的考察发现，"南海Ⅰ号"不是倾斜着下沉的，而是四平八稳地端坐在海底，且货物码放整齐，与海难发生后导致的沉没有明显的差异。如果是遇到大风大浪而沉没的话，"南海Ⅰ号"是很难以这种姿态沉在海底的。

　　另外，"南海Ⅰ号"船上所载的不少货物，带有明显的西亚等地域风格，

2006年8月，台风"派比安"登陆阳江

很有可能是属于来样加工的类型。我们推断，"南海 I 号"航行的目的地极有可能是东南亚、南亚或者西亚等地。据宋代文献记载，古代中国航海者多利用季风和洋流更替的规律，其中往东南亚、西亚的航线大约是在每年的 11 月初出发，以就北风，顺风顺水。如果"南海 I 号"从泉州出发，抵达阳江海域附近，需要一个月左右的时间，这意味着"南海 I 号"沉没的时间极有可能是当年的 12 月初，而这个时候的阳江海域几乎是没有台风的。

原因四　船体漏水？

　　船体漏水是船只沉没很常见的一个原因。但是"南海 I 号"属于福船类型，船舱使用了水密隔舱技术。水密隔舱是中国古代造船技术中的一项重大发明创造，也是现代大型船舶船体采用的主体结构。其做法就是在船体结构中用隔舱板把船舱分隔成一个个分开且严密的舱区（舱室）。这一做法，一方面在船体受损时，即使有几个船舱进水，但由于各个舱室彼此隔断分离，船也不容易因为大量进水而导致沉没，受损的舱室还可进行排水、封堵和修护，保证了船舶在局部受损的情况下仍可继续航行。另一方面，如果用于商船，还可以分舱放置货物，保障货物整齐有序，不致杂乱无章。此外，隔舱板跟船壳板紧密钉合，缝隙处又用捻料（桐油灰）填塞密封，还可以加固船体，增强船结构受力，提高船体安全性，提升船上人员的安全感。更何况，考古现场的工作人员检查船体后，并没有发现船的舱底存在漏洞。

隔舱板

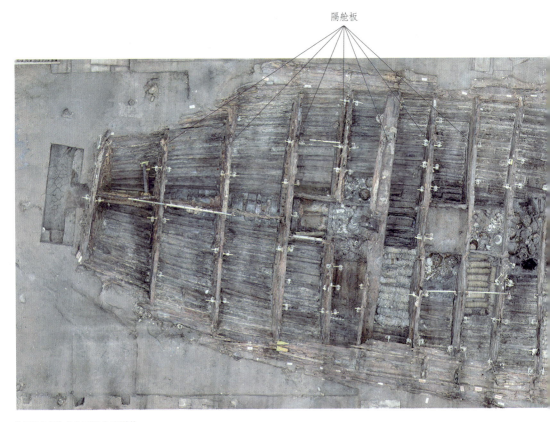

"南海I号"船体可见水密隔舱

原因五　海盗袭击、战争破坏？

宋代东南沿海常有海盗出没，《宋会要辑稿》记载："海多寇盗，剽掠平民。"如果船舶遭遇劫掠或战争，船上货物难免会遭到破坏或盗扰，但是从考古发掘的情况来看，船上的货物整体保存尚为完好，未见人为破坏的痕迹，种种证据似乎并不支持这一观点。

以上五个常态化的原因，似乎每个都不可能成为导致"南海Ⅰ号"沉没的单一原因，那么，"南海Ⅰ号"到底为什么沉没呢？

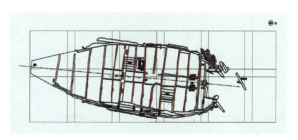

水密隔舱示意（红色部分为水密隔舱板）

原因六　综合论之说？

　　最近，有专家提出了"综合论"之说。这一说法认为，"南海 I 号"的沉没是在各个因素共同作用下导致的，即包括"船舶的装载量相当大""船货装配方式"以及"也许遇上了季候风"等因素。

　　关于"船舶装载量相当大"的问题，前面已做介绍，不再赘述。关于"船货装配方式"问题，一般人会认为，较重较硬的货品，如铁器，理应放在船舱底部，较轻的瓷器应存放在铁器之上，否则，较重的铁器容易把易碎的陶瓷器压碎。然而，"南海 I 号"的陶瓷器恰好存放在船舱之内，并且多用木块、木板隔垫分层，甲板上面却堆放了数量逾百吨的铁器。如此装配船货，显然会把船的重心抬高。专家们认为，这种装配方法其实就是一种博弈行为，他们认为如果把较重的铁器放在舱底，当作压舱石，船的重心会降低，但船航行在惊涛骇浪之上，摇摆幅度和摇摆周期会增大，容易造成陶瓷器诸类的船货破碎率增高，不但赚不到钱，而且还可能会亏本。但是，反过来摆放的话，如果船舶没有遭遇强风等袭击，便会安全抵达目的地。"南海 I 号"的船货，正是按照这样的方式装配的。它之所以沉没于阳江海域附近，难道真的是遇上了突然袭来的强风吗？

　　从阳江海域附近的气象情况来看，专家们认为"南海 I 号"极有可能遇上了"季候风"。所谓"季候风"，指的是随着季节演变，陆地和海洋出现温度差，从而形成的大尺度风系。在冬天，亚洲大陆迅速冷却，气压上升形成大陆性反气旋，会给华南地区沿岸带来阵发性的冷空气，有时

"南海I号"沉船附近海域

候这种大陆性反气旋会在中国南海海域形成较强的风力。

综上所述，持此观点的专家们认为，"南海I号"极有可能是因为"装载量够大，装配货物上重下轻，船舶在阳江海域附近极有可能遇上了季候风"，加上船员应对季候风时操作船只不当而沉没的。

"南海I号"的沉没真的如上述专家所推断的那样，还是另有原因，现在业界对此众说纷纭。也许，这便是考古的魅力所在吧。我们期待考古发掘工作完成之后，考古学家们能给出更加精彩的答案。

（曾超群）

宋人如何远渡重洋

揭秘『南海Ⅰ号』的船员生活

　　800多年前，"南海Ⅰ号"的船员怀揣着梦想，踏航途，涉鲸波，开启了漂洋过海的传奇之旅。面对着被打捞出水的"南海Ⅰ号"古船，人们不禁会问：船上当年到底有多少人？面对茫茫的大海，这些人又是怎样解决饮食起居的呢？这些人又有着怎么样的信仰呢？

"南海Ⅰ号"有多少船员？

　　据宋代朱彧所著的《萍洲可谈》记载，宋代远洋航行商船"大者数百人，小者百余人"。另外据南宋吴自牧的《梦粱录》记载："且如海商之舰，大小不等，大者五千料，可载五六百人；中等二千料至一千料，亦可

"南海Ⅰ号"仿古船

载二三百人；余者谓之'钻风'，大小八橹或六橹，每船可载百余人。"上述两部古籍所记载的船都是指远洋贸易商船，从记载可知，宋代远洋航行一船多则数百人，少则数十人。

不过，这是包括船舶操作人员和乘船人员在内的总人数，甚至是船舶最大的载人数。如果单论船舶操作人员，数量相对较少。宋代徐兢在《宣和奉使高丽图经》记载，北宋宣和五年（1123）使节循海路出使高丽，所乘之船有"客舟"和"神舟"：客舟是从福建等地招募而来的民间海船，"其长十余丈，深三丈，阔二丈五尺，可载二千斛粟……每舟篙师、水手可六十人"，其他人员都是跟随使节出使的人员；而"神舟"则是为使节专门打造的，"长阔高大，什物、器用、人数皆三倍于客舟也"，满载可乘五六百人，而所需的船舶操作人员大约百人。由此可知，中型至大型海船，实际的船舶操作人员也只需数十人到百人。

古代设计船舶主要以载重多少石（也就是所谓的"斛"或"料"）为准，再依据航行江海等实际需要，计算长度、宽度等数据。宋代沈括《梦溪笔谈》记载："今人乃以粳米一斛之重为一石。凡石者，以九十二斤半为法。"一石米为92.5宋斤，约合现代的110市斤，这就是一"斛"的载重量。以福船为例，如果是民间一千斛的船，根据相关数据，大约长17米、宽6.5米、高6.5米，其轻排水量（即空载排水量，是船本身加上必要的给养的重量总和，是船舶最小限度的重量）在250吨左右。"南海Ⅰ号"是福船类型，木质船体残长约22.15米，残存最大船宽约9.35米，分布轮廓面积约 179.15 平方米。与上述古籍文献的记载相对照，可推测"南海Ⅰ号"是一艘至少载重二千斛（约110吨）的民间海船，需船员至少五六十人。

船员如何分工？

古代远洋贸易商船的运行以船舶操作人员为中心，船员各司其职，形成有序的组织。正所谓既有舟船，不可无梢工、碇手、水手。南宋规定，海上走私腊茶处罚如下："贩物人并船主、梢工并皆处斩；水手、火儿各流三千里。"明州市舶司对海南、占城、西平、泉州、广州商船的抽解，"不分纲首、杂事、梢工、贴客、水手，例以一十分抽一分，般贩铁船二十五分抽一分"。宋朝官府犒设海船人员时"每年发舶月分，支破官钱管设津遣，其蕃汉纲首、作头、梢工等人各令与坐"。《淳熙三山志》说到福建征调的民间海船有梢工、招头、碇手、水手四种人员。

由这些记载可推测，"南海Ⅰ号"的船员应该主要由纲首、梢工、招头、作头、碇手、杂事、水手、火儿等构成，他们各司其职，确保"南海

宋代广州纲首陈德安施舍的
木雕罗汉及其底座铭文

I号"航途顺畅。纲首,是一船之长,负责船舶的管理与贸易交涉等事务,在海船上具有最高权威。纲首有时是由货主亲自担任,有的则是由货主指派的人员担任。他们往往是海船中同行贸易商人中最富者,宋朝规定"诸市舶纲首能招诱舶船,抽解物货累价及五万贯补助以上者补官有差",1963 年在广东省韶关市曲江区南华寺曾发现一件木雕罗汉,罗汉座上刻有"广州纲首陈德安舍尊者,奉为先妣梁十五娘生界"的铭文。

梢工、招头、作头都是航行技术的主要负责者。梢工又称舟师、篙师、舵师。有的船只不止一个舵(柂),因而需要不止一位舵师。如徐兢所说,出使高丽的客舟,船后装有正柂和副柂,正柂分大小二等,"随水浅深更易",副柂从船上插下二棹,"入洋则用之"。舵师一般具有丰富的航行经验。招头、作头是地位次于梢工的航行技术负责者。"招"就是置于船头的长桨,与置于船尾的长梢相类似。陆游称"招头,盖三老之长"。作头应为水手之长,如史籍所载之工匠作头、木匠作头等。

碇手是负责起放碇石的人员。碇石用于水上停船时固定船舶,大型的船只不止一个碇石。这样的海船需要的碇手也不止一名。

杂事是负责管理货物交易和船上财务收支的人员,应是船上的管理群体,比一般水手重要。

水手是负责划桨摇橹、操作船帆及维护船舶的人员。徐兢所言"客舟""每舟十橹",设有两柂,高十丈和八丈,有布帆五十幅、左右利篷、野孤帆十幅。水手负责操作这些橹和帆,此外还负责修补船只。火儿是地

位较低的水手。

　　同一船中，船主地位最高，或兼纲首，如无船主在船，则纲首是一船之长，其次是梢工，碇手低于梢工，水手低于碇手。由此可见，船上操作人员形成了一个有高低次序的等级结构。

　　"南海Ⅰ号"沉船上曾发掘出一些人类骸骨，有可能属于船员。《2014—2015年"南海Ⅰ号"考古发掘报告》表明，"南海Ⅰ号"发掘的人骨主要包括一个完整的下颌骨、一枚完整的位置较靠下的胸椎骨、一枚完整指骨、十枚保存状况较差的肋骨（片）及一颗完整臼齿。下颌骨附着两颗牙齿，下颌极其粗壮，下颌角外翻，咬肌发达，牙齿磨耗三级，颊侧、舌侧都有牙结石现象，判断其生前正值壮年；肌肉发达，粗壮有力，推测为男性，三十岁左右。胸椎骨为靠近腰椎的第十一或十二胸椎，倾向于男性所属，年龄 18 ～ 24 岁；椎体上下沿骨缝未愈合，椎体发达，骨密度较大，附着的肌肉点粗糙，暗示生前背部肌肉发达。指骨光滑，指骨缝完全愈合，骨密度较大，暗示正值青壮年时期；按指骨的粗壮程度，倾向于男性所属。十枚肋骨（片）中三枚具有明显的男性特征，肋骨较为粗壮，棱嵴明显；其余肋骨保存状况较差，性别特征不明显，性别不明，但皆为成年人的肋骨片。一颗下颌右侧第二前臼齿，倾向于壮年男性所属。牙齿相对较为粗大，仅从牙齿形态上判断，属男性的可能性较大。

　　根据以上情况，可判断性别和年龄的骨骼，皆属青壮年男性，较为符合船员的身份。还有部分肋骨碎片无法判断性别，但是都属于成年个体的骨骼。没有发现明显的儿童或老年人的个体骨骼，这也与船员的组成比较一致。

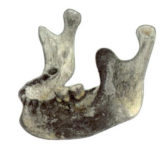

下颌骨

船上人的饮食起居怎么办？

　　船员出海航行，如何解决一日三餐是不得不面临的重要问题。据宋代周去非《岭外代答》记载"一舟数百人，中积一年粮，豢豕酿酒其中"，即宋代海员一般会在船上养猪酿酒，积蓄一年的粮食来充作远航食物。这一点

胸椎骨

"南海 I 号"出水的人类骸骨

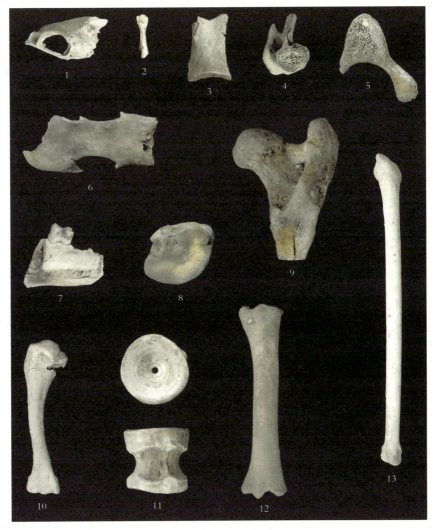

"南海Ⅰ号"出水的动物骨骼

1.龟（颅骨）2.蛙（右侧肱骨）3.羊（左侧肩胛骨）4.羊（右侧肱骨，屠宰痕迹）5.海洋哺乳动物（椎骨）6.鹅（颅骨，烧痕）7.绵羊（右侧下颌骨）8.牛（左侧第2/3腕骨，屠宰痕迹）9.绵羊（右侧股骨）10.鸡（左侧肱骨）11.海洋鱼类（椎骨，骨器）12.绵羊（右侧桡骨）13.鹅（右侧尺骨）

也得到了"南海Ⅰ号"考古发掘的印证。考古专家通过对"南海Ⅰ号"上出水动物残骸进行分析，认为"南海Ⅰ号"在航行过程中，船员携带了羊、鸡、鹅等家养动物，以保证航海过程中的肉食供应。同时依据出水动物遗留的骨骼破碎情况及屠宰加工痕迹推测，烧烤是船员制作食物的方式之一。此外，在"南海Ⅰ号"上还发现了花椒和胡椒两种不同的香料，如果这些不是货物，那就可能是烹饪或烧烤的调料。

除了豢养活的羊、鸡、鹅等动物，以保证航海过程中的肉食供应，船员还会通过捕捞海洋生物以扩充食物来源，或者携带适用于腌制的核果类和可以长期保存的坚果类等，"南海Ⅰ号"就曾出水橄榄核等植物种子。

烤肉和美酒是最佳的搭配，"南海Ⅰ号"出水的磁灶窑四系罐，其戳印图样特色鲜明，其中印有"玉液春""酒墱""丙子年号"等字款，专家认为它们或许是酒坛，里面盛着名为"玉液春"的酒。这些酒可能是货物，也有部分可能会被船员在船上消耗掉。

"南海Ⅰ号"出水的胡椒颗粒

"南海Ⅰ号"出水的稻谷壳

"南海Ⅰ号"出水的橄榄核

福建·磁灶窑 酱釉四系罐

　　除饮酒外，"南海Ⅰ号"的船员可能也饮茶。我国是茶树的原产地，宋代，茶叶是市舶贸易中的重要输出物品。茶叶通过广州、泉州输往南洋诸国，通过明州输往日本、高丽。宋代茶文化尤为兴盛，饮茶、斗茶蔚然成风，无论是王公贵族还是平民百姓，都十分热衷于此，想必出海航行的船员也不例外。"南海Ⅰ号"沉船出水了一些黑釉茶盏，造型别致，釉色

黑釉茶盏

绀黑。因数量不多，并散落于船舱内，故推测此为船员随身携带之物。或许在茫茫大海上，船员们会偶尔斗茶，以排解寂寞。

　　"南海Ⅰ号"沉船上发现大量弧形木板，多数两端残存铁箍或一端残存铁箍的锈蚀痕迹，而且数量较大，应属木桶壁板。沉船后部发现的弧形木板，应属矮小的圆形木盆壁板。此外，在沉船上还发现了漆木盒、木盆以及竹筐、竹篮等生活用具。而船上发现的酱黄釉瓜棱执壶，胎质致密、坚硬，夹砂粒较多，釉质交叉，麻点较多，应是普通船员用于饮水的器皿。在船上还发现了陶灶、铁锅，这是船上人员用于烹饪的器具。

虽然"南海Ⅰ号"的船员大部分时间只能在茫茫大海上飘荡，但是他们并没有邋遢度日。船上曾出水多件木梳和铜镜，铜镜均镜面微凸，应是为了取得更好的成像效果而特意制作的，分为带柄铜镜、有纽铜镜、无柄无纽铜镜三种。其中，无柄无纽铜镜明显不适合于手拿，应是搁置在镜架上使用的；一些带柄铜镜的镜背中央还有阳刻铭文，言明这些铜镜为当时流行的湖州镜。这些物品应该是船员平时梳洗打扮的用品。

在漫长的航海过程中，船员有可能会通过做手工来打发闲暇时间。"南海Ⅰ号"船上发现有1件鱼脊椎有打磨痕迹，表明船员曾尝试用动物残骨来制作骨饰品。所发掘出的一只海螺雕杯，外表的螺钿层被打磨掉之后，还刻上了精美的牡丹枝叶和卷草图纹，表明了船员会使用贝壳来制作日常用具。此外，船上还出水了很多木质串珠，有葫芦形、蝶形、细颈瓶形和穿孔圆珠等，以穿孔圆珠最多，这些无疑是船员们的玩赏品或船上的装饰品。

"南海Ⅰ号"沉船上还发现了砝码、天平、秤盘等衡器，试金石、木制印章以及砚台等，这些都是船上人员用于生产、经商的工具。其中，铜砝码重量各不相同，铜天平小而精致，两端还有饰物，秤盘较小，且有花卉纹饰，推测是船上人员用来称量金器、朱砂等贵重物品的。石砚台呈方

"南海Ⅰ号"出水的歙石雕瓶纹砚

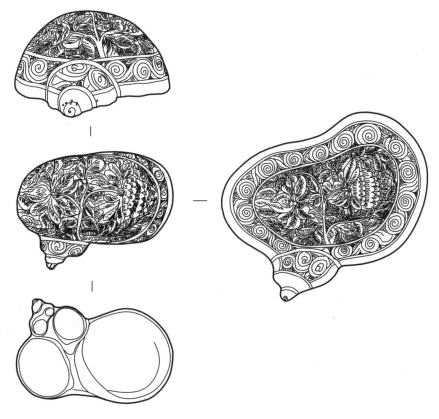

海螺雕杯线描图

形，长约20厘米、宽约10厘米，比较有趣的是其用来研墨、盛墨的部位，似乎被设计成了花瓶的造型，精美独特。

海神传说与宗教信仰

海洋广阔无边，海上贸易机遇与风险并存，航海者往往希望通过祈求神灵保佑来趋吉避凶。宋代，广东、福建沿海地区建有众多庙宇，供奉着不同的神明，如南海神、妈祖、观音和罗汉等。

南海神庙坐落在广州市黄埔区庙头村，是我国古代重要的祭海场所，也是我国现存规模最大、保存最完整的海神庙，是海上丝绸之路的历史见证。594年，隋文帝下诏建造南海神庙，其后历代帝王亦派员到庙立碑致祭。唐宋以来，中外商船出海前，通常先入庙拜祭南海神，祈求一帆风顺，海不扬波。

观世音菩萨是佛教中慈悲和智慧的象征，无论在大乘佛教还是在民间，都具有极其重要的地位。"南海Ⅰ号"曾出水一件玉雕观音像，长3.8厘米、宽1.9厘米、厚1厘米。经鉴定为和田玉玉质，正身正面，结跏趺坐于平台，平台中镂空，有两个穿孔，作系绳索佩戴之用。该观音像雕刻精美传神，与今天人们习惯佩戴的观音像大小相似，但系孔不是钻在观音像顶部而是底部，古人也许有着与今人截然不同的佩戴方式。

罗汉，是阿罗汉的简称，宋代罗汉造

南海神模型

玉雕观音像

玉雕罗汉像

像增多，反映出当时民众消除一切烦恼的精神需求。"南海 I 号"出水的玉雕罗汉像，为和田玉玉质，长度只有七八厘米，可能属于坠饰一类的随身携带物品。罗汉正身侧视，身着袈裟，手持念珠，方颐大耳，深目高鼻，似乎是个"老外"。

总的来说，一艘船就好像一个社会，社会生活中需要什么样的物品，船上同样也需要。"南海 I 号"古船出水的各种物件，为我们清晰地展示了宋代船员海上生活的状况，仿佛为我们展开了一幅 800 多年前充满生活气息的海上丝路画卷。

（曾超群）

迟来的『卸货』

『南海Ⅰ号』考古之旅

『海难是上帝写了一半的剧本，句号得由那些沉船打捞者来完成。』

大概在南宋孝宗淳熙十年（1183），"南海Ⅰ号"这艘远洋贸易商船，满载着货物，从当时的泉州港出发，准备远渡重洋，前往东南亚乃至更远的西亚北非地区。奈何流年不利，折戟沉沙，最终沉没于今广东阳江海域，随即被海底泥沙尘封了 800 多年。时至今日，这艘商船仍然没有回应目的港的热切期盼，而是受到了中国水下考古工作者的青睐。"南海Ⅰ号"的考古工作，揭开了中国水下考古的序幕，不断演绎着中国水下文化遗产保护的新篇章。

传统的田野考古，考古工作者"面朝黄土背朝天"，在野外进行考古发掘，探究地下世界，尽可能搜集地下埋藏的文物考古信息。而新兴的水下考古，考古工作者则是经由考古工作船下潜至海底，两两结伴，轮流换班，探索水下世界，发现失落的文明，如滨海聚落、港口码头、沉船、船货等。

　　2007年，针对"南海Ⅰ号"这处满载货物的沉船遗存，考古工作者采用了世界首创的整体打捞方案，成就了中国水下考古事业中的一项重大创新成果。紧接着，针对"南海Ⅰ号"所开展的进一步考古工作，实际上就是在完成古人未完成的"卸货"工作。"南海Ⅰ号"的"卸货"工作，在现代考古理论、文物保护先进理念指导下，其方式方法、技术手段明显区别于田野考古，同时又有别于水下考古，走出了自己的一条特色考古之路，有"南海Ⅰ号"模式之说。至于"南海Ⅰ号"是如何"卸货"的呢？下文带领大家一探究竟。

创造可控的室内环境与"卸货"条件

　　"南海Ⅰ号"被整体打捞并搬迁至博物馆水晶宫内，成为一项室内考古项目，可谓空前。将"南海Ⅰ号"从无法把控的水底环境移至较为可控的室内环境，如此对其实施细致入微的"卸货"便有了可能。

　　在偌大的水晶宫，"南海Ⅰ号""卸货"所需的工作场地并不是什么大问题。考古队在水晶宫内搭建了考古工作平台，这样就有了沉箱外围大面积的工作台面，相当于预留了"卸货"用的场地。有了大面积场地，就可以对其进行基本功能区的划分，"卸货"现场也就有了科学合理的空间

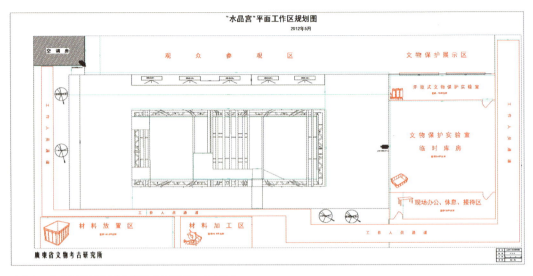

水晶宫工作功能区规划图（来源于"南海Ⅰ号"考古队）

配置。对于"南海Ⅰ号"这艘大体量的商船来说，光是有了平面、立体上的基础保障还远远不够。为了科学、有效、快速地"卸货"，现场平台不仅配备了一整套给排水、供电、照明、运输、通风硬件系统，而且配套了发掘信息（照相、录像、正射影像、三维激光扫描、定点定位等）采集、信息管理等软件系统。至此，"南海Ⅰ号"得到了场地、设备、技术等各方面的保障，算得上是应有尽有。"卸货"现场被彻底打造成了一间设备齐全、技术成熟的考古实验室。

正因为"卸货"现场具备了各方面的优势条件，对"南海Ⅰ号"进行精细化发掘才成为可能。2007年，"南海Ⅰ号"被整体打捞搬迁入广东海上丝绸之路博物馆水晶宫，但由于博物馆建设尚未完工，"南海Ⅰ号"发掘工作暂时停滞，直到2009年博物馆建成开放才重新启动，并分别于

2009、2011 年进行了试发掘，以明确整体打捞成效和沉船保存状况，为全面发掘保护打牢了基础。

配备多学科、跨专业的技术性考古保护人员队伍

有了"卸货"所需的软硬件，一支专业"卸货"队伍就是关键了。"海难是上帝写了一半的剧本，句号得由那些沉船打捞者来完成。"盖瑞·金德在《寻找黄金船》一书中写道。"南海Ⅰ号"被整体打捞以后，其剧本仍未完成，还需专业"卸货"队伍进行续写。为科学发掘保护"南海Ⅰ号"，国家、省、市各单位专业技术骨干人员汇聚于此，组成"南海Ⅰ号"考古队，专门从事"卸货"工作。这些技术骨干常年奋战在水下考古、田野考古、文物保护工作第一线，经验丰富，技术过硬，思想先进，富于创新精神，在"南海Ⅰ号"考古发掘中能够发挥各自所长，有效推进保护发掘工作，做好"卸货"工作。

同时，"南海Ⅰ号"就是"流动的小型社会""时间胶囊""某一时间节点上高度浓缩的聚落形态"，封存着宋代社会历史的方方面面。光靠考古工作者简单的"卸货"、整理，还不足以了解这艘商船的内涵，还需要来自海洋生物、古代造船、动物考古、植物考古、科技考古、体质人类学、陶瓷考古、金属考古、金器研究、钱币研究、海上丝绸之路研究等各领域的人员通力协作，助力"南海Ⅰ号"发掘保护工作。

做好预研究和专项工作方案

俗话说，凡事预则立，不预则废。在 2013 年底启动全面发掘保护工作之前，即组织各领域专家，进行了一系列前期问题的预研究工作，并制定了各种专类文物保护预案，以便有问题早发现、早研判、早准备、早解决。

前期现状评估，涉及水晶宫内大气环境、水体环境，沉箱锈蚀现状、结构安全，沉船沉积埋藏环境、船载文物保存现状等方方面面。

经过环境改造后，水晶宫内"南海 I 号"的沉积环境与其海底原位埋藏环境基本保持一致，短期内有利于沉船的保存；沉箱腐蚀产生的铁离子尚未大量进入沉船遗址，但存在向沉船遗址渗透的趋势。故"卸货"现场采用防腐措施来减缓钢沉箱的腐蚀速度。"南海 I 号"沉船出水文物经海水、海洋生物、海相沉积物等的长期作用，均产生了不同程度的腐蚀，需尽快开展"卸货"，以便开展后期的保护工作。

有鉴于此，针对"南海 I 号""卸货"出水的单件木质文物、陶瓷器、金属文物、有机质文物、凝结物，制定了专类"卸货"现场与实验室保护预案。"卸货"现场保护预案明确了评估环境与保存状况、确定文物提取方法、提取文物（必要时先加固）、采集样品、档案记录、包装与运输等现场技术路线，以及文物修复前信息的提取（文字记录、拍照等）、除锈（凝结物软化清除）、脱盐、修复、加固、粘接、补配、缓蚀、封护、适宜环境下保存等实验室技术路线。

"卸货"时，像十分重要的竹筒、漆盘、漆盒、鹅笼、包装瓷器等，

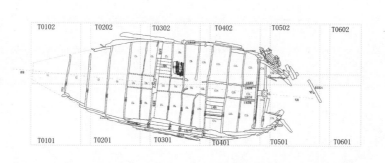

"南海 I 号"沉船木船体平面图（来源于南海 I 号考古队）

均因早先制定的现场技术路线而被整体提取，丰富的文物考古信息得以保留。实验室清理时，像竹筒、漆盒、木盒等，也因提前敲定好的技术路线而被认真对待，以至清理人员满心期待内中乾坤，幸运的是，其间重大发现不断。"南海 I 号"出水的大量金器多是由漆盒清理而来，故漆盒常有"藏宝盒""多宝盒"之称。在"南海 I 号""卸货"时，如果发现一件漆盒，往往承载着考古工作者更多的期望。但有时期望越大失望越大，因为并不是每件漆盒都是藏宝盒，所以发现漆盒并不意味着有更多的发现，考古工作者这时得保持一颗平和之心。

循序渐进，使发掘保护工作流程条理化

根据田野考古工作规程，遵循地层堆积顺序，考古发掘一般按照地层

由晚到早、从上往下的顺序，一层一层往下清理。针对"南海Ⅰ号"这处较为特殊的沉船遗存，考古队采用了"先上后下，先舱内后舱外"的工作流程，即首先清理沉船表面泥沙，其次等船体暴露时，转入船舱发掘，然后等发掘完船舱后，清理船体外围淤泥，以便对船体进行支撑加固，最后进行船体保护展示。

故按工作内容不同，考古队把"南海Ⅰ号"保护发掘分为四个阶段：

第一阶段是前期准备和表层淤泥发掘阶段，采用传统田野考古中的探方发掘法，主要清理"南海Ⅰ号"沉船表面的淤泥和凝结物，逐步揭开沉船的真面目，明确沉船实际残存长宽度。

第二阶段是船内发掘和舱内文物提取阶段。因"南海Ⅰ号"设置了水密隔舱，船货如铁器、瓷器基本上还是整齐码放于各个船舱之内，这些是"卸货"的重点。卸完船舱内的货物，船体内部构造马上暴露出来，整个沉船的立体层次感也就呈现出来了。

第三阶段是船外发掘和船体支撑加固阶段。这要求一边清理"南海Ⅰ号"船体外围淤泥，不放弃外围沉船堆积，一边支撑加固船体，保持船体的整体结构状态，施工难度不可谓不大。

第四阶段是环境改造和船体保护展示阶段，配合博物馆展示，做好"南海Ⅰ号"船体的长期保护工作。因整个沉船木质降解较为严重，脱盐脱硫等保护历时长，规模大，困难多，可能需要几代人的不懈坚持，才能为子孙后代留下这份珍贵的历史文化遗产。

构筑模式，成就实验室考古、公众考古的典范

"南海Ⅰ号"沉船自 1987 年发现以来，见证了中国水下考古从无到有再到成熟壮大的全过程，而 2013 年启动的保护发掘项目更是历时数年，工作现仍在继续。可喜的是如今"南海Ⅰ号"考古成果丰硕，成效显著，成绩卓然，蜚声海内外。

2019 年 3 月 6 日，广东省文化和旅游厅组织的"南海Ⅰ号"保护发掘项目（2013—2018 年度）顺利通过专家组验收，验收结论为优秀。同时，专家组将"南海Ⅰ号"保护发掘称为"南海Ⅰ号"模式，是实验室考古的典范，也是公众参观人数最多的考古工地，应尽快开展后续发掘保护工作。

2020 年 5 月，"南海Ⅰ号"南宋沉船水下考古发掘项目拿下中国考古界的"奥斯卡奖"——2019年"全国十大考古新发现",成为为数不多的入选这项大奖的水下考古项目。2021年,"南海Ⅰ号"更是入选中国百年百大考古发现。

"南海Ⅰ号"发掘保护工作全年立体式、全方位、多角度向公众展示。公众可透过穹顶天窗俯瞰整艘沉船的发掘保护、文物的分布状况与提取情况、船体结构保存现状。公众还可以站立在沉船四周玻璃墙外,观看考古、文保工作人员日常发掘保护工作,搞清楚"南海Ⅰ号"发掘保护进度。

2015年,"南海Ⅰ号"发掘遗址正射影像图

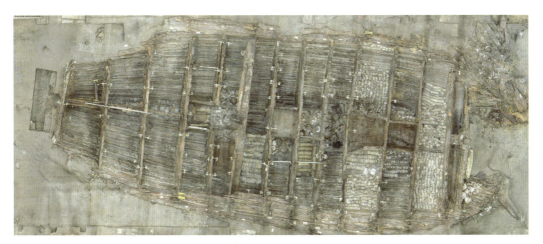

2018年，"南海Ⅰ号"发掘遗址正射影像图

"南海Ⅰ号"是中国水下文化遗产保护事业的一座里程碑，开创了中国水下考古工作的新气象，打开了中国水下考古事业高度发展的新局面，更掀开了中国水下考古转入水下文化遗产保护的新征程。"南海Ⅰ号"发掘、保护、展示、研究、管理、利用六位一体，走出了自己的风格，形成了自身的特色，彰显了自我的气派，建构了属于中国水下考古不可多得的发掘模式，做到了真正的开放式实验室考古，成为实验室考古、公众考古的典范。

（陈士松）

深海瑰宝 丝路遗珍

『南海Ⅰ号』蕴含的宝藏

一艘船就是一个流动的社会，是一个航海时代的缩影，狭小的船体空间，各种身份的群体，各式各样的生活用品，共同构筑了那个有独特韵味的辉煌时代。

"南海Ⅰ号"这艘沉没的古船，为什么载有大量的宝藏？原因只有一个，那就是"南海Ⅰ号"沉船遗址是我国宋代繁荣海外贸易的真实反映。

首先，"南海Ⅰ号"是中国南宋时期的一艘远洋外贸商船。自 2007 年 12 月 28 日整体打捞以来一直受到社会各界的热烈关注。2013 年 11 月，沉船的全面发掘保护工作已经启动，"南海Ⅰ号"出水的外销文物，对了解和探讨宋代海外贸易具有重要意义。

其次，"南海Ⅰ号"船体满载陶瓷、铜铁器、铜钱以及生活用品等多类型珍贵文物，其体量之巨大，实属世间罕见。

自 2013 年"南海Ⅰ号"实施全面发掘以来，历经数年，其发掘工作进入了尾声。人们欣喜地发现，"南海 I 号"的船载文物数量惊人，总数已达 18 万件，并且大部分保存完好，主要以瓷器为主。此外，还包括金器、银器、锡器、铁器、铜钱（不同年号）、漆器、动物骨骼、植物果实等丰富品种。

出水瓷器主要来自江西景德镇窑系、浙江龙泉窑系、福建德化窑、磁灶窑、闽清义窑等不同的窑口，基本上属于南宋时期比较著名的外销瓷窑口。这些瓷器在烧制好后随即作为销售商品被运送到船上，故完全看不到使用的痕迹；同时非常幸运的是，沉船船体在较短的时间内就被掩埋，隔绝了器物本身被海水的冲刷，所以这些瓷器极为完整且釉面光亮如新。

宋代在我国历史上是封建商品经济空前繁荣、科技文化取得重大发展的一个时代。这一时期，中国与周边诸国的海外贸易与前代相比有了飞速的发展，主要表现为交易范围更加扩大，据当时人所著的《诸蕃志》《岭外代答》等书所载，见之于名的国家地区就多达 50 余处；参与交易的商品种类更加丰富，中国从海外输入的商品种类在 410 种以上（陈高华等《宋元时期的海外贸易》），无论贸易的种类还是规模都是以前历朝历代不能比拟的。

"南海 I 号"沉船的发现，为更好地审视近千年前的中国宋代社会提供了一个绝佳的平台。虽然"南海 I 号"的全面发掘工作尚未全部完成，深入系统的研究有待更多出水实物资料的支持，但是现已出水的各类文物已经能为我们了解宋代繁荣的海上贸易史提供很好的参考证据。

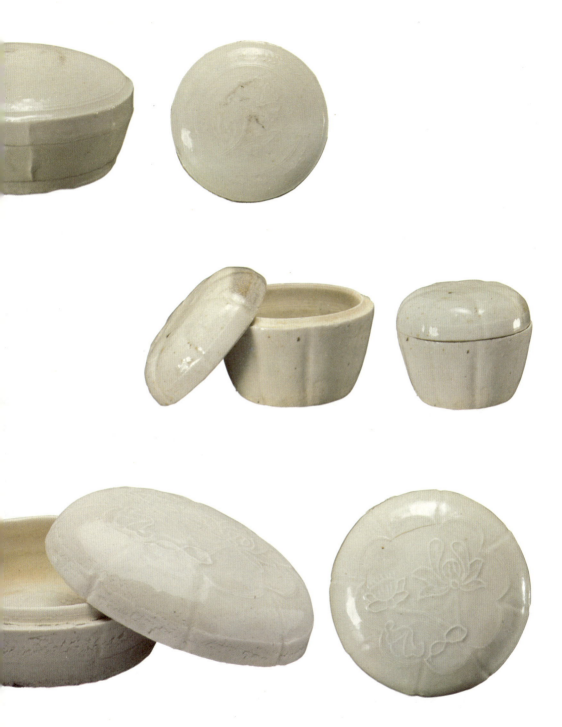

福建·德化窑 青白釉粉盒

体出现混杂或者其他目的，放在货仓表层的货物大多都有所属记号。这些墨书，为了解当时瓷器生产的陶瓷作坊、陶家姓氏、商家名号提供了深入研究的信息和线索。

二、瓷器订制风格明显。"南海 I 号"出水陶瓷风格迥异，异域风情明显，有"外撇口"大瓷碗、"阿拉伯神灯"气息的六棱执壶，精致的小瓷瓶，菊瓣型的青釉碟，精美的青白釉葵口碟。这些显然是为外国客户专门制作的。这种根据海外市场需求出现的外销型陶瓷生产和销售方式，与现在的"来样加工""下订单"的贸易方式大同小异。

三、瓷器运载方式。陶瓷为易碎而沉重的商货，无论是海路还是陆路，长途运输都有很大难度。从"南海 I 号"发掘现状来看，其装载有数万件瓷器，大多采用层叠码放，用木板或者稻草相间隔整齐堆放在船舱，有些则采用类似"俄罗斯套娃"的方式，用大罐套小瓶的做法，从而充分利用了船内有限的空间，装载更多的货物，获取更大的利润。宋人朱彧在《萍洲可谈》中说："海舶大者数百人，小者百余人，舶船深阔各数十丈，商人分占贮货，人得数尺许，下以贮货，夜卧其上，货多陶器，大小相套，无少隙地。"这个说法在"南海 I 号"得到了充分的实证。

唐宋以后，由于陆地丝绸之路逐渐衰败，同时宋朝南渡，政治经济中心已经南移，海上丝绸之路得到了极大发展。从"南海 I 号"出水瓷器数量、出处等情况来看，陶瓷在对外出口所占比重之大，另外，出水瓷器基本来自华南沿海一带，说明中国的经济中心自唐代开始完成了向长江以南地区的转移，作为手工业的代表性产品——瓷器也不例外，而且瓷器产品从普通日用瓷器过渡到完全大量生产、以外销为目的的产品生产。"南海 I 号"是见证中国经济文化南移的历史界标，也是海上丝绸之路发展和繁荣的产物。

从出水铜钱看宋朝货币政策

"南海 I 号"出水大量钱币，年代最早为东汉的"货泉"，另有隋唐时期的"五铢钱"和"开元通宝"，少量后周时期"周元通宝"、后唐"唐国通宝"。绝大部分为北宋各年号铜钱，最晚的年号为南宋"淳熙元宝"。在历次对各地区沉船的考察情况来看，中国商船存有大量铜钱的现象并不少见。1976 年，在韩国新安海域出水的元代商船出现有 800 万枚共 28 吨铜钱。很明显，中国铜钱在东南亚、印度洋一些国家和地区充当着国际通用货币的角色，备受青睐。

铜钱外流的现象宋代以前已经有之，但规模有限，尚未产生大的影响。宋代铜钱的外流十分严重，加剧了钱荒（铜钱短缺）及铜价膨胀等问题，引起了统治者的高度重视，并颁布了一系列禁令。但由于铜钱深受海外各国喜爱，贸易利润丰厚，仍无法截阻铜钱外流的势头。

宋代始终禁止民间商人在海外贸易中经营铜钱。宋太祖时就有令："铜钱阑出江南、塞外及南蕃诸国，差定其法，至二贯者徒一年，五贯以上弃市，募告者赏之。"宋朝南渡以后铜钱外销的禁令更加森严。宋绍兴三十年规定，透漏铜钱达五贯者处死罪。宋政府还规定在国内与蕃商的交易不

"南海 I 号"出水铜钱

能用铜钱,违者二贯以上者要流配,贩出境者加倍处罚。绍兴十一年规定:"遇舶船起发,差本司属官一员,临时起检,仍差不干碍官一员觉察至海口,俟其放洋方得回归。"然而,历代政府连篇累牍的禁文并未能遏制铜钱的外流,根本原因是海外市场对铜钱的巨大需求。宋钱质量好,不易磨损,便于携带,且币值稳定,在交易过程中,各国大都愿意接受。海外诸国科技水平较宋不发达,难于生产质量好的铜钱,一是把宋朝的铜钱作为硬通货,二是把含铜量高的宋钱重新融化,铸造成铜器。这种情况对宋朝社会经济造成了多方面的影响,特别是加重了"钱荒"和会子折兑、称提的困难，这种现象也从另外一个侧面反映了宋代海外贸易的繁荣。

出水铜铁器物

　　铜铁制品是"南海Ⅰ号"上除陶瓷之外最大宗的货物。铜铁制品分布在船体货仓表层或者甲板层，有条理整齐地堆放在船头至船尾区域，重量约占货物总量的 30%~40%。铜铁货物种类包括铁锅、铁钉、铜环、铜珠，其中铁锅大小相套，累叠堆放，用竹篾困放。铁钉应为古代造船穿钉，用竹篾捆成扎，成束放置。另有铜环，套装于青瓷粉盒中。由于年代久远，海水浸泡，大部分铜铁制品已经锈蚀，加以陶瓷碎片、海泥、贝类，已成凝结物。大批铜铁制品的出现，说明金属材料和成品在南宋已经是重要的出口产品，并且形成大规模生产。在宋代中国人已开始用烧煤炼钢，大型作坊可以雇佣数百人，而政府手工工场用人可达 8000 之众——这已经是近代重工业的规模水平了。以 1078 年一年为例，钢年产达 125 万吨，而英国于 1788 年工业革命之始才不过年产 7600 吨。"南海Ⅰ号"铜铁制品的出现，对探讨宋代采矿业、冶炼工业发展及其产地分布、产品出口提供很有价值的信息和线索。

各式生活用品展现"大航海时代"

　　宋元时期是海上丝绸之路发展得到极大发展的时期，也是中国的"大航海时代"。"南海Ⅰ号"的横空出世，为我们展示了一段波澜壮阔的航海史。迄今为止，"南海Ⅰ号"出水了大量的生活用品，对于了解南宋精彩纷呈的海洋社会生活提供很好的物证。

"南海Ⅰ号"是一艘驶往海外的商船，出水文物中有些器物造型奇特，图案复杂，图腾象征明显。例如长度172厘米的金腰带，风格粗犷大气的金虬龙纹环，各式精美的金链、金戒指以及璎珞胸饰等金器，都可以看出明显的异域风格。

这些异域风格明显、豪气的器物无不显示出船主的身份显赫和身价不菲，"南海Ⅰ号"的船员甚至有可能来自不同的民族和地域，其中折射出丰富的风俗文化内涵和时代特点。出水的各式铜镜、木梳、精美的玉雕件、

金虬龙纹环

金双重顶链犀角形牌饰项链　　　　　　　　　　　金三重顶链犀角形牌饰项链

细丝圆圈形金耳环

嵌宝石方面戒指

金戒指

纹饰丰富的漆器、造型奇特的歙砚等，为我们展示了一个丰富的宋代水上人家航海生活。

一艘船就是一个流动的社会，是一个航海时代的缩影，狭小的船体空间，各种身份的群体，各式各样的生活用品，共同构筑了那个有独特韵味的辉煌时代。所以，"南海 I 号"的价值不仅仅在于发现数以十万计的珍贵财宝型文物，还在于蕴藏着超乎想象的历史信息和非同寻常的学术价值，对了解当时从事海洋贸易人群的社会生活具有重要意义。

"南海 I 号"被誉为"海上敦煌"，是一座巨大的文化宝库，蕴涵着无限丰富的文化内涵，它证实了海上丝绸之路昔日的辉煌，反映了海上丝路在沟通古代中西方文明和经济贸易的重要作用，也为我们了解一个科技发达、经济繁荣、民间富裕的南宋社会提供了很好的实物证据。随着其全面发掘工作的开展，相关文物的出水和研究，将会带给我们不断的惊喜和振奋。

（陈达兴）

云帆沧海

『南海Ⅰ号』的配置

舟师识地理，夜则观星，昼则观日，阴晦观指南针，或以十丈绳钩，取海底泥，嗅之便知所至。海中无雨，凡有雨则近山矣。

　　木质帆船，是古代中国海上航行的唯一交通工具。它的优良性能和载物能力，都得到了充分的考证及肯定。古代中国有过多次航海高潮期，每个朝代或多或少都有相应的零星记载散布于各种文献中。然而，因为木质船体难以保存，留下的古代船体标本少之又少，能保存较完整的就更不容易了。在阳江海域发现的南宋古沉船"南海Ⅰ号"，保存完好程度远超同时期的其他船体，珍贵异常，为研究古代造船业提供了实物标本，有着任何文献资料都难以描述的直观性。

　　中国古代造船业一直以来都较为发达，宋代造船业从技术条件看，使用了最先进的船模放样、使用干船坞，能建造多重船壳板、水密舱、可倒桅杆、桅座等。而东南沿海所造海船，在具有上述优势外，还具有载重大、船身稳固、抗风浪打击强等优点。这些造船技术在规模和制作上处于世界领先地位，一直影响着后代的造船业，"南海Ⅰ号"船体就是一个明证。

从考古情况来看，"南海Ⅰ号"沉船水线以上的甲板部分（包括上部建筑）已不复存在。船体残长约 22.15 米，最大船宽约 9.35 米，分布轮廓面积约 179.15 平方米，共有 14 道横向隔舱壁板，分 15 个船舱。甲板以下的船壳板以及船体的支撑结构（包括龙骨、船肋、加强筋）都保存较好。

"南海Ⅰ号"船型宽扁，船艏平头微起翘，两侧船舷略弧曲，艏艉部弧收，有一定的型深。沉船是长宽比例小、安全系数高、耐波性好、装货量大的短肥船型，属于我国古代三大船型的"福船"，与福建泉州湾后渚沉船、海南西沙"华光礁Ⅰ号"沉船结构相近，共同反映了南宋远洋商船高超的制造技术和工艺特征，对研究中国古代造船史、海外贸易史具有极其重要的意义。

为了适应远洋航行的需要，船只必须配置一定的设施和人员，满足一定的条件，"南海Ⅰ号"当时的配置如何呢？

动力装置

古代木船如果在内河航行，还可以利用桨、橹等工具，而在海上航行，就只能依靠帆和自然界的风力。那么船上必须具备帆、抱面梁、桅夹、桅座、桅杆、绞盘、滑轮、绳索等，才能组成一套完整的动力系统，从而为船只纵横海上提供必不可少的风能动力。

抱面梁位置　桅夹及主桅杆位置

抱面梁

桅夹

舵位置

舵承与舵孔

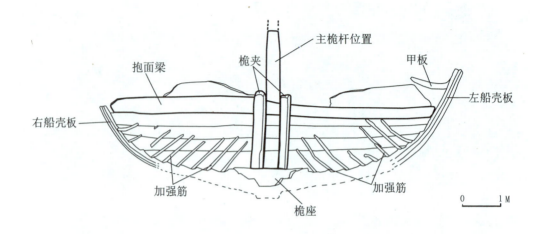

桅夹、桅座、抱面梁的关系示意图

图中标注：主桅杆位置、桅夹、甲板、抱面梁、右船壳板、左船壳板、加强筋、桅座、0 1 M

抱面梁

　　抱面梁为固定中桅（主桅）的横木，左右横向铺设，横贯整船舯部。左右两端紧贴船舷板内侧，主体置于第 7 船舱前部，是与其下部和上部较薄的隔舱板共同组成第 6 舱即桅舱的一道厚重的隔舱板（记录为BHD6）。抱面梁表面磨损圆滑，整体中部宽厚粗壮，左右两端略为变窄，与左右舷侧板和舷甲板搭接固定，形成一个坚固的整体。抱面梁总长 8.5 米，断面略呈正方形，上表面宽 0.5 米、厚 0.3 米。

　　由于没有发现其他部位的船桅，从目前抱面梁和桅夹所处位置、体量和结构来看，这一装置应为主桅的位置。从抱面梁向船艏一侧开口结构判断，该船桅属于朝船艏方向可置放的可倒桅类型。也就是说，遇到风暴时，可把主桅杆向前面放倒，从而减缓风力的影响。

桅夹

在抱面梁朝船艏方向的中间位置有一开口，为榫状桅门凹口，主要是安装桅夹和桅杆。现存桅夹，桅杆不存。

桅门凹口表面磨损较严重，宽度以能装上桅杆和桅夹为准，面宽 0.9 米，进深 0.3 米。凹口的左右缘有凸榫，与桅夹的方孔榫槽契合固定。桅夹板为两块竖立桅杆左右的厚木板条，紧贴横向抱面梁，已露出高度 0.65 米，两者间距即可容纳桅杆进出的宽槽面宽 0.38 ～ 0.4 米，这是自上部严重磨损部位的宽度，向下收窄成 0.26 米宽度。两桅夹略向船艉方向倾斜，左右外侧前方分别各残存一道左右对称的纵向薄隔板和纵桁板，向前延伸与第 5 道隔舱板相接。

主桅杆

宋徐兢撰《宣和奉使高丽图经》所言"客舟""每舟十橹"，设有两桅，高十丈和八丈。从现所知的桅夹间的宽度可推测，桅杆的直径不少于 0.38 ～ 0.4 米。也就是说，主桅杆是一根直径为 38 ～ 40 厘米粗的木材。从残船长宽的比例对桅杆进行复原的话，桅杆的高度不低于 20 米，可以想象这是多么粗壮的一根桅杆。在早期的水下考古调查走访中，有渔民说潜水下去还能见到一段树立着的桅杆。但随着后来的渔业作业使用拖网捕鱼方式，很容易就把沉船上表面或露出海床表面的设施破坏殆尽。"南海Ⅰ号"主桅杆已被破坏不存。

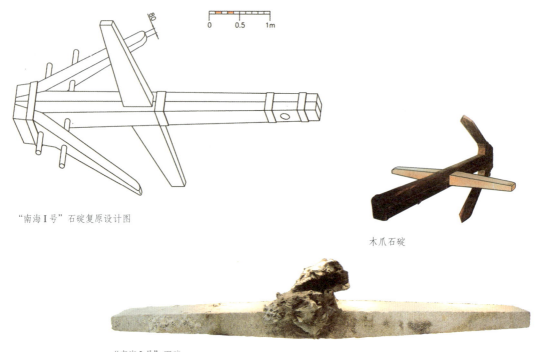

"南海 I 号"石碇复原设计图

木爪石碇

"南海 I 号"石碇

帆

徐兢《宣和奉使高丽图经》记载："风正则张布帆五十幅，稍偏则用利篷，左右翼张，以便风势。大樯之巅，更加小帆十幅，谓之野狐帆，风息则用之。"考古人员在船体左侧发现了帆的一小部分，为长竹片编织，以木作框架支撑。至于整个帆的面积有多大，为何形制，均不明。

碇

"南海 I 号"出水两个石碇，一大一小，大的于 2007 年整体打捞时清理沉船右侧时出水，小的于 2013 年在室内发掘时在船的右后侧出水。

这说明船上配置有两个石碇，石碇相当于现在的锚，主要是船停泊的时候固定船只用。

徐兢《宣和奉使高丽图经》中记载"客舟"船首装有一个大碇，两个游碇，大碇于"船首两颊，柱中有车轮，上绾藤索，其大如椽，长五百尺，下垂碇石，石两傍夹以二木钩"。游碇"其用如大碇，而在其两旁"。

船舵

船舵又称舵插盘或舵孔，发现于 T0401 北隔梁西部第 3 层下，仅存舵盘，属木船舵承构成。"南海Ⅰ号"沉船还有保存完好的艉舵孔，从舵盘与艉封板的结构关系看，舵盘表面圆滑，有明显磨损，左右两端各有一竖状搭接的补强材，紧密连接艉封板，与南侧较厚重隔舱板相距约 0.8 米。舵盘呈圆形，外侧开缺口且外撇，形成多半月圆形舵孔，整体呈开口部弧收的马鞍形盘面与艉封板平齐，下部露于艉封板之外，该舵盘应属下舵盘，而上舵盘、舵杆及舵叶已随艉楼残损无存，但可据该舵孔尺寸推算舵杆大小。舵孔及前后两侧隔舱板保存较好，向左右隔舱板即艉封板延伸，分别与左右舷板和船壳板搭接。

人员配置

宋代远洋航行一船多则数百人，少则数十人。宋人朱彧《萍洲可谈》称海商之船"大者数百人，小者百余人"。出海经商，路程遥远，必须配备大量海员和专业水手。这种情况下，一个严密有序的组织不可或缺。只有船员分工合作，各司其职，管理有序，远洋航行才能正常进行。每艘海船一般都有纲首、船员以及随船商人等。按照"南海Ⅰ号"沉船残存尺寸计算，显然属于中等商船，船上共同生活的不少于四五十人。从宋代航海记录资料及出水的墨书中，可推测"南海Ⅰ号"上的人员主要有纲首、舟师（火长）、直库（货舱主管）。此外，还有作头、梢工、招头、碇工、碇工、舱工、杂事、缆工等。

纲首

纲首，海船运输货物组织的首领，宋元时期演绎为大海商，是全船的

墨书"纲"

总管。相当于现代海船的船长职务，执掌船上一切大小事务。

舟师

　　舟师，也称火长，掌管航海罗盘的导航技术人员。"舟师识地理，夜则观星，昼则观日，阴晦观指南针。或以十丈绳钩，取海底泥，嗅之便知所至。海中无雨，凡有雨则近山矣。"徐兢所言"客舟"，"惟恃首领（篙师）熟识海道，善料天时、人事而得众情。故若一有仓卒之虞，首尾相应如一人，则能济矣。""南海Ⅰ号"出水墨书"蔡火长直"，就是说这是姓蔡的火长购置的货物。

碇手

负责起放石碇的人员，就是碇手。石碇是停船时用来固定船舶的。大型船只不止一块石碇。这样的海船需要的碇手也不止一名。

杂事

杂事，负责管理货物交易和船上财务收支的人员，应是船上的管理人员。

梢工

往高丽的船只过蓬莱山之后"洋中有石，曰半洋焦，舟触焦则覆溺，故篙师最畏之"，船只遇到紧急情况，都须听从梢工的指挥，而且梢工须对行船安全负责。

招头、作头

地位次于梢工的航行技术负责者。"招"就是置于船头的长桨，与置于船尾的长梢类似。陆游称"招头，盖三老之长"。作头应为水手之长，如史籍所载之工匠作头、木匠作头等。

水手

负责划桨摇橹、操作船帆以及船舶维护的人员，统称水手。此外，水手还负责修补船只，"船忽发漏，既不可入治，令鬼奴持刀絮自外补之，鬼奴善游，入水不瞑"。鬼奴又称昆仑奴，是东南亚一带的黑人，因"绝有力，可负数百斤"，且"入水眼不眨"，被一些海船豢养，专供杂役。

由此可见，同一船中船主（或兼纲首）地位最高，其次舟师、梢工，碇手低于梢工，水手低于碇手。船上操作人员形成了一个有高低次序的等级结构，这些就是出海远洋船只人员的基本配置。

生活设施配置

船上海员生活必不可少的就是淡水和食物。

淡水

宋代徐兢在《宣和奉使高丽图经》中记载："凡舟船将过洋，必设水柜，广蓄甘泉，以备食饮，盖洋中不甚忧风，而以水之有无为生死耳。"说明出海先设水柜储备淡水至关重要。迄今为止，"南海 I 号"发掘过程中并未发现水柜遗存。专家猜测"南海 I 号"的水柜可能是设置在了甲板或上层建筑上，随着甲板以上部分的破坏已然不存。也有可能是设置在了某个船舱中，但各舱都满载着陶瓷器等货物，似乎没有可能。淡水肯定是必需的，古代的航海活动基本为近岸航行，可以即时到一些条件较好的中转港补给一定的淡水或者物资。

食物

关于宋代海员在远航过程中的食物来源，历史文献着墨不多。宋代周

"南海 I 号"遗址上发现的椰子油螺壳

去非在《岭外代答》中记载："一舟数百人，中积一年粮，豢豕酿酒其中……人在其中，日击牲酣饮，迭为宾主。"这说明在远航时要储备一年的粮食，还要在船上养猪酿酒以供应船上人员的生活。"南海 I 号"沉船发现有牛、羊、鸡、鹅等动物，以及鱼类、软体动物和节肢动物等遗存。这些动物遗存反映了宋代海员在航海过程中对动物资源的利用情况，显然宋代海员会携带猪、羊、牛、鸡和鹅等家养动物以保证航海过程中肉、蛋、奶的供应，同时通过捕捞海洋生物的方法以扩充食物来源。

具备所有出海条件后，"南海 I 号"就可以远涉鲸波了。但不幸的是，如此充足的准备，也未能让"南海 I 号"幸免于难，最终沉没深海。这说明古代远洋贸易在博取巨大经济利益的同时，也承担着超乎想象的巨大风险。海洋波涛起伏，风高浪急，瞬息万变，险滩急流之外，还有很多看不见的凶险潜伏在暗处，然而，这一切都无法阻挡我国古代劳动人民向往美好生活而勇敢迈出的脚步。古人不幸，而后人有幸，我们可以透过古代保存至今的航海船只和船上珍贵的文物，遥想那个充满了激情和梦想的时代，描摹那个时代的图景。

（林唐欧）

大小相套

『南海Ⅰ号』货物的装载方式

　　"南海Ⅰ号"，是一艘满载各类货物的南宋沉船，蕴含着极为丰富的历史信息，为我们提供了许多前所未见、史所未载的新材料，对研究我国乃至整个东亚、东南亚的古代造船史、陶瓷史、航运史、贸易史等均有特殊的意义，同时也为海上丝绸之路的千年传承提供了坚实论据。

　　经过历年考古发掘，初步统计"南海Ⅰ号"出水文物高达18万件（套）。包括大宗精美瓷器、体量巨大的铁器、美轮美奂的金器及漆木器、铅锡器、玻璃器、人类遗骸以及动植物遗存等多种类型文物。我们不禁会问：如此数量庞大的货物，如何分类？如何包装加固？如何在短时间内装卸？"南海Ⅰ号"沉船船货包装方式及用材是船载货物最基础的信息之一，与货物装载码放工艺特征密切相关，值得我们一探究竟。

货物分类

沉船内货物种类繁多，构成丰富，只能略区分为几大类。

金属器

铁锅、铁条、银锭、铜环等。

陶瓷器

数量最多，为船上的大宗货物。有江西景德镇窑，浙江龙泉窑，福建德化窑、磁灶窑、闽清义窑及广东少量民窑的产品。包括影青瓷、青瓷、青白瓷和铅绿釉瓷。器型多样，多为生活用品，如碗、盘、碟、瓶、壶、罐，以及大小不一、形状各异的粉盒等。

铜钱

绝大部分为北宋各年号铜钱，少部分为宋以前的钱币，最早的有东汉的"货泉"，最晚的有南宋"淳熙元宝"。大部分钱币凝结成块。

生活用品

金腰带、金虬龙纹环、金戒指、方楞金环、铜镜、石砚、石雕佛像、石雕观音坐像、石枕、朱砂、漆器残片等。

其他遗存

眼镜蛇骨、人类遗骸、动物骨头及橄榄核、荔枝核等。

货物包装方式

金属器

铁条 船载铁条用竹篾和藤条捆扎，成捆分层平躺码放。成捆铁条规制不一，短小者一捆约 35 枚，大者一捆约 20 枚。采用对半尖对尖交错捆扎的方式，一般在中间用竹篾捆扎一圈，有用三道竹篾捆绑的，也有将两捆再捆扎的现象

铁锅 铁锅（釜）有深腹和浅腹两种。包装时，大小器物分开，一般 5 口铁锅摞起为一组，中间用竹篾和藤条垫隔。绝大部分铁锅成摞倒扣码放，多组叠套在一起，少量成摞侧身平躺放置。

银锭 主要集中在第 10 舱的 b 小舱内，已凝结成块，也有很多散落的。从遗留下的痕迹发现，银锭一般装在木盒里，木盒已经腐烂。

铁条捆扎方式

每个粉盒里装 5 个铜环

铜环　船上发现了大量铜环，多装在德化窑的粉盒里，一般每盒装 5 个铜环。

铜钱　船上发现了大量铜钱，其中第 6 舱 a 小舱中最为集中，已凝结成为一大块。还有很多散落于第 10 ～ 13 舱的表面，除了用绳索串装外，外部包装和盛装器物不明。

陶瓷器

船舱内货物以陶瓷器为主，数量最多，种类也最多。对于瓷器的捆包，随瓷器种类、形制及大小的不同而有所区别，如瓷碟、瓷碗和瓷盘等器物，一般以数件成摞为单位包装，器物之间往往垫隔草叶或秸秆，外表用薄木板条和竹条、竹篾结合捆扎。

同型器物成组搭配　在第 14 船舱发现 4 摞青釉瓷碗采用竹条包装成摞。标本 2015NHIC14b ①：0542~0588 为 47 件相同类型的青釉碗，外侧用竹条包装，成摞侧身平直码放，摆放错落有致，捆扎和码放比较有特点。还发现较多青白瓷喇叭口小瓶均匀搭接成组码放的包装和装货工艺，尤其是第 2、3、4 船舱左段残存较多。这种同型器物成组搭接的船货捆包方式，主要是利用了青白瓷瓶束颈的特征，横竖对搭，节约空间，并解决了货物碰撞和移位问题。

在第 2 舱 a 小舱内发现青白釉大盘整齐摆放，每组 20 个为一扎，扎与扎之间的凹窝处各放置一扎青瓷小碗。小碗可见 10 件为一小摞，20 件为一扎，且中间分界处为碗口对碗口，即 2 摞瓷碗口对口平行侧放。

不同器物组合包装 一些不同质地的器物，存在一定的组合盛装现象。如铜环出水时多是散落各处，但也有成摞装载于瓷粉盒中的。另外，大量的大型酱釉罐里面是不是曾经盛着液体或者腌制物，有的酱釉小口梅瓶好像是用木塞封

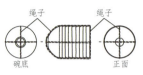

碗的捆扎方式（10 个）

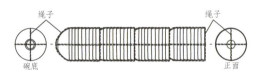

碗的捆扎方式（40 个）

碗的捆扎方式（40 个）

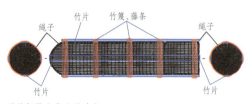

碗的捆扎方式（40 个）

口，而且大多数都是口部朝上立放，瓶中是不是装着液体物质，这些都弄不清楚了。

大容量器物内套装多件小型器物 这种装货方式主要表现在陶瓷器货物的包装方面，船载货物中利用大容量器物内套装多件小型器物的"大套小"现象较为普遍。

其他物品包装与装载位置

沉船中后部发现有用竹篾编织的竹篮、竹笼、竹箱、竹筐套装瓷罐、银链、漆木器等船载物品的包装痕迹。漆木器多采用竹篮、棕榈叶等编织

漆器包装

的竹筐、草叶篮子等装置。一些竹木漆器和小件金属器等，主要埋藏在船体中后部上表面的泥沙中，可能来自木船后部艉楼等部位。

船体中间纵向小隔舱，并非船体固定结构，只是为了满足装货分区的灵活性而添加和卸载的，但这个结构在加固隔舱板、间隔货物、方便装货等方面发挥的作用不可低估。

整船装载方式

根据 2007 年 2 月的水下探摸情况，船体上部覆压着多块凝结物。经过"水晶宫"室内考古发掘，再次证实沉船的表面及周围存在大量的凝结物，也确认了船舱内货物基本按原始装载方式保存，没有遭受极大的扰乱。沉船内货物的装货位置分布与装货工艺，是了解沉船性质和特征的重要入口。这主要体现在三个方面：一是船舱内基本上装载瓷器；二是铁器基本上码放在船舱上部；三是大套小，减少空间，尽量多装。

上中下三层分装

从沉船部分船舱装载的瓷器来看，不同类别

舱内瓷器摆放情况

的货物存在简单分舱的情况，有一定的随意性。但如果观察沉船整体装载货物，则不难发现，所有不同类别的货物的装载和码放表现出一定的规律性，反映了整体船载物品的装置码放遵循一些基本的规则。

残存的 14 个隔舱内显露出满舱的瓷器和铁器，且隔舱内绝大部分属于成摞码放的瓷器。按照每个船舱装载的货物品种来看，舱室内主要为码放整齐的各类瓷器，部分舱室上部也码放有铁锅和铁钉。除第 1、2、3、4 船舱和第 14、15 船舱外，其余船舱内中上层都以中间的两道纵向薄隔板将每个船舱分成左、中、右三个小舱室，且舱内三个区域的上下层货物分装格局明显。

运用垫隔技术

装载货物，采用了多种垫隔材料和工艺。首先是在船舱内外搭接宽厚垫板或铺垫成排细木垫层，保持货物稳固。除了船舱内分层垫隔外，器物之间尤其是瓷器之间还采用了木片或植物草叶等隔垫。一些酱釉四系大罐等陶器之间在颈部用短木条隔垫。另外，瓷器、铁器等大宗船货，包装材料大多使用竹篾或藤条，同时采用扭绳捆扎或隔垫的方式稳定货物。

尽量多装的原则

"南海 I 号"船内各舱室之间的搭载货物品种具有一定的规律性，面貌基本清晰，沉船隔舱内器形不同的陶瓷器错落码放，有的大型器物内套装小型器物，形成整齐的船货装置，最大程度地利用了船内有限的空间。南宋朱彧《萍洲可谈》记载，北宋末年广州商船大量出口瓷器，"海舶大者数百人,小者百余人……舶船深阔各数十丈,商人分占贮货,人得数尺许,下以贮货,夜卧其上。货多陶器,大小相套,无少隙地"。从"南海Ⅰ号"发掘情况也证明了这种状况,各个船舱都装得满满的,还想方设法利用空间,以便尽量多装些货物。这也是古代远洋商船装运外销陶瓷器的典型特点。

（林唐欧）

温润如玉影青瓷

『南海Ⅰ号』出水景德镇窑青白瓷

烧成后的瓷器，通体呈浅青白色至白色，明暗起伏的纹饰配合淡雅的色泽，整体呈现出青中泛白、白中映青的映衬效果，因而青白瓷也称影青瓷。

作为四大文明古国之一的中国，经济、文化、技术的发展在历史上长期处于世界领先地位。到了宋元时期，海外贸易的繁荣，极大地推动了手工业生产的技术进步。丝绸、茶叶、陶瓷以及竹木质工艺品、生活用品、冶金制品等，在对外贸易中发挥着主导作用。在政府的支持和鼓励下，国内生产的商品源源不断地销往海外。这些商品的大量出口，反过来又刺激了生产的发展。海外贸易的"回货"商品主要为价格昂贵的奢侈品，如象牙、香料、药材等。这类货物的制成品价格高昂，由于出产地加工技术的限制，往往以原料方式进口国内，成品的数量较少，往往是进入国内后才进行后期精制加工。这样的互惠互利往返贸易方式有着很好的互补性。

忙碌的海上贸易，使沿海城市更加繁荣，商人们赚得盆满钵盈。但是，因路途遥远，加之天气恶劣、造船与航海技术的限制，海外贸易也伴随着巨大的艰辛与风险，人船两空的海难事件时有发生。经历了千百年的积淀，满载货物沉没于大洋中的古代沉船，成为特殊的海底宝藏。

"南海 I 号"出水的文物品类丰富，数量巨大，有陶瓷器、金器、银器、铜器、木器等。其中陶瓷器为大宗商品，这些陶瓷器主要产于江西、福建和浙江三省，有江西景德镇窑青白瓷，福建德化窑白瓷，福建磁灶窑、闽清义窑陶瓷及浙江龙泉窑青瓷等 5 大窑系的陶瓷器制品。陶瓷器的器型多为日常生活用器，有盘、碗、罐、碟、壶、粉盒等。其中江西景德镇青白瓷，无论是器形，还是烧制工艺，均在"南海 I 号"出水陶瓷器中堪称精美。

景德镇制瓷历史悠久，据文献《陶录》记载，汉代"载瓷入关中，称为假玉器，且供于朝，于是昌南镇瓷名天下"。又有《浮梁县志》记载，到了宋代时期"真宗命进御，瓷器底书'景德年制'，其器尤光致茂美，当时则效，著行海内，于是天下咸称景德镇瓷器，而昌南之名遂微。"至此，景德镇这一地名，便与此地出产的瓷器一同沿着江海，走向世界。

中国瓷器自唐朝开始，以越窑为代表的青瓷和以邢窑为代表的白瓷，分别把持着中国南北两地的制瓷技术，随着制瓷技术的日趋成熟，逐渐形成"南青北白"的局面。到了宋代，景德镇瓷器依靠得天独厚的地理条件，加之各地优秀制瓷艺人汇集于此，借助各自带来的成熟制瓷技术，打破了传统的"南青北白"制瓷局面，另辟蹊径，自成体系，制造出别具一格的景德镇青白瓷。沈怀清在《窑民行》形容景德镇瓷器："景德产佳瓷，产器不产手。工匠来八方，器成天下走。"可见，当时景德镇凭借优质的瓷器，深受消费者的青睐，远销海内外。

　　景德镇瓷器所使用的胎泥练洗精细，胎质洁白细腻，胎体轻薄；釉料色泽青翠，温润柔和；釉层质地玲珑剔透，淡雅秀气；釉汁附着力强，与胎体浑然天成。烧成后的瓷器，通体呈浅青白色至白色，明暗起伏的纹饰配合淡雅的色泽，整体呈现出青中泛白、白中映青的映衬效果，因而青白瓷也称影青瓷。

　　影青之美在其形，"南海 I 号"出水影青瓷种类非常丰富，有盘、碗、碟等。装饰手法上，小件器物以"阳纹"印花为主，延绵不断，如印缠枝花卉纹花口盘、印叶脉纹芒口碗、印花芒口盘等，其中印菊瓣纹花口碗像一朵盛开的菊花，非常优美。大型器物，一般施以浅刻划花装饰刀法，线条飘逸自然，收放自若，有刻划花卉浅腹碗、刻划花卉深腹碗。烧制方法有仰烧、覆烧两种。

　　影青之韵在其色，影青瓷不但注重胎细体薄，

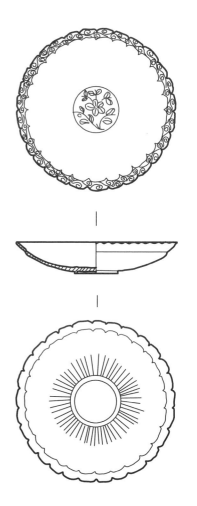

景德镇窑·青白釉印缠枝花卉纹花口盘线描图

景德镇窑·青白釉印缠枝花卉纹花口盘

口径18.1厘米，足径5.1厘米，高3.9厘米
"南海Ⅰ号"出水，现藏于广东海上丝绸之路博物馆

而且也非常注重釉色之美，使胎与釉完美集合，达到如玉似冰的效果。"叩其声，铿铿如金；视其色，温温如玉，因而青白瓷有'饶玉'之美誉"。

印缠枝花卉纹花口盘口沿处压印卷草纹，内底心单圈内印有一朵缠枝花。胎白色青，胎质细腻，釉面光亮，有开片。

印叶脉纹芒口碗采用覆烧手法，模印制作而成。内壁装饰纹样简洁，线条婀娜多姿，有弱柳扶风之态。纹饰与器体本身刚柔并济，互为映衬。

印花芒口盘内壁以模印形式装饰，花纹繁多，但不显拥挤，显示出当时印花工艺的成熟。器物内底中心印莲花纹，所谓图必有意，正如南宋周敦颐在《爱莲说》所说："莲之出淤泥而不染，濯清涟而不妖，中通外直，不蔓不枝，香远益清……""南海 I 号"出水瓷器很多装饰有莲花纹，大概也代表了时人的审美趣味。

景德镇窑·青白釉印叶脉纹芒口碗

口径10.8厘米，足径4.6厘米，高5.8厘米
"南海 I 号"出水，现藏于广东海上丝绸之路博物馆

景德镇窑·青白釉印花芒口盘

口径17.4厘米，足径5.4厘米，高3.0厘米
"南海Ⅰ号"出水，现藏于广东海上丝绸之路博物馆

　　印菊瓣纹花口碗壁较薄，端庄大方。通体制成富有变化的菊瓣纹，再配以内底心一朵小巧精致的印花，使器物看起来更加优美雅致。

　　婴戏纹碗内壁以刻划方式装饰婴儿、石榴等纹饰，寓意多子多福。这种生动有趣且充满生活气息的纹饰备受时人喜爱。仔细观察，内壁纹饰凹处积釉稍多，釉色近青，胎体光滑处釉较薄，釉色近白，就整体而言，釉色青中透白，白中映青，整体色调仍旧是一致的。

景德镇窑·印菊瓣纹花口碗

口径11.2厘米，足径3.1厘米，高4.3厘米
"南海 I 号"出水，现藏于广东海上丝绸之路博物馆

景德镇窑·青白釉婴戏纹碗

口径20.0厘米，足径5.9厘米，高5.7厘米
"南海 I 号"出水，现藏于广东海上丝绸之路博物馆

　　"南海 I 号"船载义物不仅仅是对外经济贸易往来的见证，也是传播中国悠久历史文化的重要渠道。来自千年瓷都的景德镇青白瓷更因其成熟的制瓷技术和宁静恬然的审美趣味，向世人绘制了一幅弥足珍贵的瓷器画卷。

（耿　苗）

花叶两相欢

『南海Ⅰ号』出水龙泉窑青瓷

工具在坯体上按照一定技巧刻划成一面深一面浅的凹面线条。「半刀泥」的线条深浅不一，虚实相间，所用刀法灵活多变，利落潇洒。

龙泉窑系瓷器在"南海Ⅰ号"沉船的船货中所占比重较大，在船舱前、中、后部均有分布。皆为青瓷，釉色有青黄、青灰、青绿等，胎色多灰白，胎质较好。器型较少，以碗为最大宗，其次是盘，其他器型仅有一件青釉四棱方瓶。纹饰多以荷花、荷叶为主题，可以概括成两种风格，一种是双面刻花，另一种是单面刻花。

双面刻花器物在"南海Ⅰ号"出水的龙泉窑青瓷碗中所占比例不大，数量也不多，大部分是在沉船9号舱出水。纹饰内容主要是外壁折扇纹和内壁刻划花。内壁刻划花以荷花、荷叶纹为主，也有少量的缠枝纹。荷花为短茎双瓣荷花，荷叶为侧立荷叶，荷花荷叶之间以短密曲线篦纹作底纹。

龙泉窑·青釉四棱方瓶

口径2.7厘米，腹径6.5厘米，残高14.3厘米
"南海 I 号"出水，现藏于广东海上丝绸之路博物馆

龙泉窑·青釉荷花纹盘

口径18.9厘米，足径6.7厘米，高4.6厘米
"南海 I 号"出水，现藏于广东海上丝绸之路博物馆

　　荷花、荷叶均为明显的写意风格，整个构图繁缛致密。釉色主要为青黄色。

　　单面刻花器物占"南海 I 号"出水龙泉窑青瓷碗的人部分。器物内壁单面刻划花，仍以荷花、荷叶纹为主要纹饰。但荷花、荷叶已变为写实风格，具体表现形式是长曲茎的四瓣荷花，以及大张的侧覆状、侧仰状荷叶。篦纹作为底纹的情况不见，整个构图显得疏朗开阔。其他纹饰还有牡丹纹、"S"形分隔纹、卷云纹、蕉叶纹等。釉色以青黄、青灰和青绿为主，部分器物釉色斑驳。

　　除了双面刻花和单面刻花碗之外，还有少量造型或者釉色较为独特的器物。碗类产品有葵口出筋碗、花口碗等，盘类产品有菊瓣盘、菊瓣卧足碟等。

　　尤其是菊瓣盘，通过在内壁修刮出一道道上宽下窄、上端圆弧的凹槽，凹槽之间形成出筋，数十组凹槽呈放射状组合，勾勒出满开的菊花花瓣，盘内底再用数十组弧形凹槽构成旋状花蕊。整个器物造型规整精美，立体生动，极似一朵盛开的菊花。

　　还有数件菊瓣卧足碟，胎较同时期的龙泉窑青瓷要白，青色釉，釉色淡雅，光泽柔和，温润如玉。这类器物很少，釉色跟"南海Ⅰ号"出水的大部分龙泉窑青瓷不一样，而与南宋晚期为乳浊釉的粉青釉更为接近。

　　在"南海Ⅰ号"出水的龙泉窑青瓷中，单面刻花、厚胎薄釉的产品占绝大多数，

龙泉窑·青釉荷花纹碗

口径19.2厘米，足径6.6厘米，高8.2厘米
"南海Ⅰ号"出水，现藏于广东海上丝绸之路博物馆

龙泉窑·青釉菊瓣盘

口径18.8厘米，足径5.8厘米，高4.4厘米
"南海I号"出水，现藏于广东海上丝绸之路博物馆

同时也有少量的双面刻花产品，以及数量更少的接近乳浊釉的厚釉产品，
这与龙泉窑青瓷的传统分期是一致的。

　　一般认为龙泉窑青瓷双面刻花产品流行的时期为北宋中后期，单面内
壁刻花产品流行于两宋之际到南宋中期。这两个时期产品的共同特征是厚
胎薄釉，釉色大多不纯，多为青黄、青灰和青绿色；釉面多开裂，光泽很
强，透明度高，玻璃感明显。南宋后期龙泉窑青瓷工艺达到顶峰，采用石
灰—碱釉烧成了梅子青、粉青等薄胎厚釉产品。

　　现根据考古资料综合判断，"南海I号"沉船年代为南宋中期，出水
的龙泉窑青瓷绝大部分为当时流行的单面器内刻花产品，少量的双面刻花
产品可以视为上一期烧造传统的残留，稀少的厚釉产品可以视为下一期薄

龙泉窑·青釉菊瓣卧足碟

口径11.4厘米，底径3.4厘米，高2.5厘米

"南海Ⅰ号"出水，现藏于广东海上丝绸之路博物馆

胎厚釉阶段的初创。

　　"南海Ⅰ号"出水的龙泉窑双面刻花和单面刻花青瓷都主要采用"半刀泥"式的刻划花手法，即用"工具在坯体上按照一定技巧刻划成一面深一面浅的凹面线条。'半刀泥'的线条深浅不一，虚实相间，所用刀法灵活多变，利落潇洒"。"下刀的轻重和倾斜程度等方法灵活运用，呈现的效果也各不相同。"除了刻划花之外还有篦划，就是用类似篦子的工具划出一组组由数条平行线条构成的图案，主要作为辅助性的背景纹饰或填充纹饰。

"南海 I 号"出水的龙泉窑器物，多呈长条状成摞摆放。包装方式为先用三至四根宽约 3 厘米的竹条包夹整摞碗，再用竹篾和绳索纵横交错编织并包裹住整摞碗。这种包装方式在方便瓷器装卸、减少运输过程中瓷器磕损的同时，也提高了船上空间的利用率，利于龙泉窑青瓷的大规模外销。

　　据相关研究，龙泉窑青瓷对外输出线路主要有两条："从闽浙等地港口出发，经东南亚往西，循印度半岛沿岸到波斯湾，到红海，埃及等非洲地区。还有一条线：就是经朝鲜半岛去日本。""南海 I 号"沉船遗址就位于往东南亚方向的航线上，南宋时期龙泉窑青瓷正是通过"南海 I 号"这样的商船沿着海上丝绸之路开始大规模销往世界各地。

（赵　峰）

---

* 本章图片均来源于"南海 I 号"考古队，系黎飞燕于 2016 年摄。

瓷苑奇葩 民窑典范

『南海Ⅰ号』出水磁灶窑陶瓷器

　　晋江磁灶窑，是宋元时期泉州重要的陶瓷外销窑口，位于福建省泉州之南的晋江市磁灶镇。始烧于南朝晚期，终于元朝，是具有浓厚地方特色和时代风格的民窑。其所处的紫帽山脉盛产瓷土和柴草，为陶瓷生产提供了丰富的瓷土和燃料资源；贯穿磁灶境内的梅溪，汇入晋江后，注入泉州湾而入海，为磁灶窑陶瓷生产、外销提供了便利的水路交通；其所处的地理位置邻近泉州港口，易于外销运输，故与泉州港的兴衰也有着密切的关系。

　　历年来，日本、菲律宾、印度尼西亚、马来西亚、新加坡、泰国、斯里兰卡、肯尼亚等东亚、东南亚、南亚和东非国家多有磁灶窑产品出土，

磁灶窑·绿釉狮纽熏炉

口径11.3厘米，底径6.1厘米，高18.2厘米
"南海 I 号"出水，现藏于广东海上丝绸之路博物馆

东海、南海等海域沉船中亦多有发现。

　　"南海 I 号"遗址发现的宋代磁灶窑瓷器，从釉色看，主要为酱釉，其次为绿釉，还有少量黑釉和青釉。从器形上看，以罐、瓶等为主，其次为器盖、碗、粉盒、军持等。胎体一般颗粒较粗，胎质不够致密，多呈灰白色，也有泥黄色。装饰技法有模印、堆贴、剔刻、刻划、彩绘等。为适应外销需要，部分装饰花纹带有明显的异域风格。器物的制作，一般采用轮制，也有相当部分是模制。瓶、军持、执壶均分段模制，然后黏接而成，其中绿釉和釉下彩器物极富特色。

　　磁灶窑瓷器主要分布在沉船中前部，后部第十一舱之后很少见到，仅有的都是填缝式的放置小口罐。第十舱以及第九舱 c 舱基本都是各种四系罐，间以木条，个别瓷罐还可见外部套装竹篓。第九舱至第七舱中部 b 舱，以及第三舱至第一舱两侧都是以梅瓶为主或占据大部分位置。其中第八舱还可见体型巨大的多系罐，罐内还装有其他产品。绿釉印花碟、玉壶春瓶、喇叭口瓶、长颈瓶等器形多出现在第三舱到第二舱中。

熏炉与香料贸易

　　磁灶窑绿釉狮纽熏炉，分盖与身两部分。器盖为挠首卧狮钮，狮子制作粗糙，表意性强。盖身盔状，平顶。顶部中心穿一大圆孔，壁弧斜。壁上穿三孔，宽平沿。炉身为盘口，口部外侧贴附两铲型耳，束颈。腹部为六瓣瓜棱状，下腹斜收成平底略内凹，腹下接三个兽足。造型应是宋代仿商周青铜鼎所设计。整件器物胎质坚硬，胎色灰黄，外壁施绿釉。

"南海 I 号"沉船出水较完整的香熏器物有磁灶窑绿釉狮纽熏炉 2 件，德化窑青白釉三足炉 2 件，德化窑青白釉筒式炉 1 件，鎏银铜香熏器盖 2 件。瓷香炉烧制成本相对金属香炉较低，随着宋代制瓷工艺的不断发展、成熟，瓷香炉开始流行，进而推动了宋代的香料贸易。宋代香料主要来自海上，"香料，陆路以三千斤，水路以一万斤为一纲"。宋人在海上贸易中从东南亚获得了大量的进口香料。大量香料的引入，为宋人焚香提供了物质基础。香料通过海船运入中国，如 1974 年泉州湾出土宋代海船遗物中，香药有降真香、沉香、檀香等，占出土遗物的绝大多数，未经脱水时的重量达 4700 多斤。宋太宗"雍熙四年五月，遣内侍八人赍敕书金帛，分四纲，各往海南诸蕃国，勾招进奉，博买香药、犀牙、真珠、龙脑"。

12 世纪初，现在的越南、泰国、柬埔寨、印度尼西亚（爪哇、苏门答腊）盛产香料。中南半岛占城"地产名香、犀象，土皆白砂，可耕之地绝少，无羊豕蔬茄，人采香为生"；三佛齐"地亦产香，气味腥烈，较之下岸诸国，此为差胜"；真腊盛产沉水香、黄熟香、速香、暂香、生沉香、生香、安息香、除脂拂手香、麝香、金颜香、笃耨香。马来半岛佛罗安出产速暂香、降真香、檀香等；登流眉出产白豆蔻、笺香、沉香等；单马令出产降真香、速香、黄熟香头等；彭坑出产黄熟香、打白香、粗降香；凌牙门、丁家庐出口降真香等；吉兰丹输出租降真香。阇婆出产檀香、丁香、茴香、降真香、胡椒和肉豆蔻等。

"南海 I 号"沉船的发现,佐证了宋地的瓷器曾经海船运往东南亚;泉州湾后渚港沉船,见证了来自东南亚的香料运往宋地的事实。瓷器与香料的交易,改变了当时东南亚人的饮食餐具,也推动了宋人的焚香、祭祀活动,使用香群体更加广泛,官民共享,趋向大众化。宋代宫廷中"凡常祀,天地宗庙,皆内降御封香,仍制漆匮,付光禄、司农寺;每祠祭,命判寺官缄署礼料送祀所;凡祈告,亦内出香,遂为定制"。反映了官方祭祀用香的事实。宋代画作《清明上河图》上绘有贩卖香料的商店,其中一家"刘氏上色沉檀拣香铺"的招牌就立在主干道旁,可见民间亦有香料市场。

黑釉器与斗茶之风

"南海 I 号"船货中,有一定数量的磁灶窑黑釉碗、黑釉罐、黑釉盏、黑釉漏斗和黑釉注子,主要是茶具或酒具。

磁灶窑黑釉敞口弦纹圈足碗,敞口,斜腹略弧,圈足。胎质坚硬致密,夹杂一些小颗粒,致局部釉面不平,胎色青灰。除外壁下腹以下基本通体施釉,釉色主体呈黑色,内壁遍布银色兔毫斑。内底有一圈凹弦纹,外壁露胎处制作弦纹等痕迹明显。

中国是瓷器的发源地,也是茶叶的故乡。而瓷器和茶关系最紧密的时代,就是宋代。宋人喝茶讲究一个"斗"字,不仅注重茶具的美观实用,还强调茶汤与茶盏的颜色相称。斗茶的渊源,还要从宋徽宗说起。据《茶林趣录》记载,宋徽宗嗜茶如命,会见群臣时,喜欢亲自为大臣展示高超

磁灶窑·黑釉敞口弦纹圈足碗

口径11.2厘米，底径4.15厘米，高5.4厘米
"南海Ⅰ号"出水，现藏于广东海上丝绸之路博物馆

的茶艺。徽宗还撰写了一本《大观茶论》，对茶叶的产地、采制、品质以及斗茶的风尚均有详细的论述。不仅如此，徽宗也爱好斗茶，据史书记载，有一次宫外来了一位白胡子老僧，请求跟皇帝斗茶。徽宗十分好奇，想着此人究竟有何好茶，敢跟皇宫里的名茶叫板，于是急召老僧进宫。几番斗茶下来，徽宗只好甘拜下风。原来，这位老僧带来比斗的茶叶，是一种珍藏300多年的茶中珍品，名叫甘露草。这个故事反映出宋徽宗对斗茶的推崇，以致民间争相给皇帝供奉好茶，也使民间斗茶的风气愈演愈烈。

南宋的《斗浆图》描绘的是中国宋代，在街头巷尾叫卖的小贩，在休息时进行斗茶的场景。在这里，斗浆就是斗茶的意思。画中描绘了6个提着茶瓶斗茶的人。他们有的提起茶瓶倒茶，有的正在把盏品尝，有的手提茶瓶、茶盏，6个人面前都摆放着一套斗茶器具。茶瓶、茶盏放置在精美的竹篾提器中，旁边还有竹编容器，用来装木炭。

宋代人的斗茶到底比的是什么呢？斗茶，宋代人又称为茗战，是一种比品茶更艺术化的饮茶方式，不但要评出茶的优劣，还要决出品茶者的胜负。值得一提的是，宋人喝茶，首先要把茶叶做成茶饼，皇家用的是建安出产的龙团凤饼。斗茶人将茶饼放在碾子里，把它碾碎，放在建盏里；然后，倒一点水在盏中，用竹筅把茶粉捣成泥浆，用开水冲泡；再经筅捣练，茶呈白色。黑色茶盏中，茶的颜色是白色的，用黑色来衬托白，然后互相比茶。当时的标准是从汤色、盏色和茶色几方面互相比较。

在"南海 I 号"船货贸易中发现的磁灶窑黑釉器皿数量相对不多，但磁灶窑黑釉器皿迎合了宋代斗茶的需要，是反映了宋代饮茶、斗茶历史的重要见证；另一方面，黑釉茶具作为外销瓷器，在饮茶、斗茶文化向外传播过程中起到了重要的作用。

绿釉器与穆斯林

除了黑釉器皿，"南海 I 号"沉船还出水宋代磁灶窑绿釉印花碟、绿釉玉壶春瓶、绿釉葫芦瓶、绿釉熏炉、绿釉菊瓣碗、绿釉粉盒、绿釉军持和绿釉罐等器物。其中磁灶窑绿釉印花碟，模印六瓣菱口，平折沿，弧腹。内底对应连接口沿的菱花接合处皆压印出筋，菱角处压出槽，平底略内凹。胎色灰黄，胎质致密坚硬。通体施绿釉，釉质光滑发亮。内壁印三叶草花卉纹，有花卉一枝居中，两侧各环绕一枝。

研究认为，这些绿釉器是面向穆斯林市场的。穆斯林信奉伊斯兰教，崇尚黑、白、绿三色。"色尚白，本色也。爱绿，天授万物之正色也。不用红、黄。红，艳色也；黄，僻色也。"伊斯兰教认为，绿色是神圣的颜色，所以绿色在伊斯兰教徒的生活中被广泛使用。除了福建泉州发现有宋代伊斯兰教徒墓地外，海南三亚和陵水也发现了梅山墓葬群、干教坡墓葬群、番岭坡墓葬群、土福湾墓葬群等宋代伊斯兰教徒墓地。"太宗雍熙三年占城人蒲罗遏率族百人，避国难，移往海南岛之儋州。""宋元间因乱，挈家泛舟而来，散泊海岸，谓之番邦、番浦，后聚所三亚里番村。"这些墓葬和文献反映了 12 世纪伊斯兰教徒的迁徙路线：从占城到宋地。"南海 I

磁灶窑·绿釉印花菱口碟

口径10.3厘米，底径5.7厘米，高1.5厘米

"南海Ⅰ号"出水，现藏于广东海上丝绸之路博物馆

号"沉船出水的绿釉陶瓷器，迎合了东南亚和海南岛上伊斯兰教徒的审美要求。另外，"南海 I 号"沉船出水的宋磁灶窑酱釉罐底部有阿拉伯数字"30"的墨书，沉船还出水有伊斯兰教徒用来净手的绿釉军持。由此可知，伊斯兰教的传播和信徒的迁徙，不但影响了福建地区瓷业的生产，而且开拓了宋瓷的海外市场。

丙子年号与古船断代

磁灶窑四系罐的戳印图样特色鲜明，其中"玉液春""酒瓐""丙子年号"等字款尤为值得注意。"玉液春""酒瓐"反映了宋代海上丝绸之路上船舶载酒和酒具的情形，天干地支"丙子年号"对"南海 I 号"沉船的断代有辅助作用。

"南海 I 号"沉船第 10 舱出水了一件印有"丙子年号"款的酱釉四系罐，侈口，圆唇，卷沿状，束颈，鼓上腹，平底内凹。肩上附四条桥状耳，四耳间有三处盖"丙子年号"长方形戳印。胎质致密坚硬，胎色灰黄。口部至下腹皆施酱釉，釉色深浅不一，中腹以上色较深，中下腹有流釉，局部釉质较好，稍光滑发亮。颈下饰凸弦纹一道，其下另一道弦纹外附四耳。中腹有道波浪纹，器表有一些制作弦痕。

将天干地支与公元纪年对照，丙子年在南宋期间共出现过三次：一是绍兴二十六年，即 1156 年；二是嘉定九年，即 1216 年；三是德佑二年，即 1276 年。沉船出水的铜钱类别超过了 40 种，绝大部分是北宋时期的年

磁灶窑·酱釉四系罐

宋"丙子年号"款
口径12.9厘米、底径15.7厘米、腹径32.5厘米、通高36.2厘米、耳宽1.3厘米
"南海I号"出水，现藏于广东海上丝绸之路博物馆

号钱，南宋时期铜钱有建炎通宝、绍兴元宝、乾道元宝、淳熙元宝，最晚的是淳熙元宝。由此可知，沉船年代应不早于淳熙元年（1174）。此外，再根据沉船遗址出水的植物及人骨加速器质谱碳 −14 年代的测试结果，样品的日历年代范围应为公元 983—1270 年。

综合南宋政权存亡时间（1127—1279），出水铜钱的年号、沉船遗址

"丙子年号"戳印

植物及人骨加速器质谱碳-14年代的测试结果，可以推断"丙子"年应是嘉定九年，即1216年，为南宋宁宗执政时期，由此可推断"南海I号"船只运营所处的年代为南宋中期。

宋代，磁灶窑的陶瓷生产进入了蓬勃发展阶段。在800多年后的今天，我们在"南海I号"考古调查发掘中，看到的宋代海上丝绸之路上的瓷器货物磁灶窑熏炉、黑釉茶具、绿釉器皿、酱釉酒坛，曾大量运输东亚和东南亚各国，适应并满足了当地人民的生活需要，也改变和影响了当地人民的生活习惯，对我国陶瓷业的发展和中外陶瓷文化交流，促进我国海外交通、海洋贸易和中外人民的友好往来做出了重要贡献。

（田国敏）

一曲流觞 壶中君子

『南海Ⅰ号』出水印花执壶

精美的文物，不止给世人带来惊艳，同时也带来艺术的享受，它们青白的釉执壶更是独树一帜，其优美修长的壶身，青白滋润的釉色，弯曲而细柳的流部彰显了宋代雅致的审美感为器用相结合的韵味。

"南海Ⅰ号"沉船出水的青白釉印花执壶，是一把六棱执壶，形制精美，产自福建德化窑。宋代德化窑生产的执壶，多运用转折线及自由曲度，呈现出一种清雅俊朗的美感，在制作上多运用拉坯及模制技术，可谓匠心独具。

此类执壶明显借鉴了金银器的特点，壶身主体采取棱线制作成型，由六个面组成，每个面都模印牡丹花卉纹。整体高挑修长，底足增高，腹的重心在下半部，造型沉稳而流畅。流部的设计对于线的运用非常优美，流底部和壶身保持较小的距离，构成大约30°的锐角。同时还对称地调整了壶嘴和壶身的关系，使它左右均衡，不偏不倚，重心适宜。与流相

德化窑·青白釉印花六棱执壶

口径6.7厘米，腹径13.9厘米，足径7.6厘米，高26.6厘米
"南海Ⅰ号"出水，现藏于广东海上丝绸之路博物馆

对应的把手为宽柄状，保留了唐代执壶把手的特点。把手不是和壶身生硬接上去的，而是从实用目的出发，又兼顾审美要求，可谓是一种完美的配合。此执壶通体施白釉，釉色白中泛青，色泽典雅含蓄。

宋代德化窑生产的白釉瓷之所以驰誉中外，取决于德化瓷土，这是烧制白釉瓷的优质原料。德化瓷土的着色氧化物 Fe_2O_3 和 TiO_2 的含量都很低，这就决定了德化窑瓷器的白度高，且德化白瓷釉釉泡较少，釉层较薄。通过对德化白釉瓷釉的化学组成分析可得出，宋元时期，德化窑瓷釉中的碱土金属氧化物 CaO 含量一般大于 10%，这样可以有效地提高瓷器的热稳定性与机械强度，并且能减弱铁钛的不良影响，从而提高器物的白度与透明度。这些得天独厚的优质原料，为德化窑瓷器在陶瓷工艺史上取得较高的艺术造诣奠定了基础。

壶的发展渊源

说到执壶，先了解下何为壶？壶的繁体字为"壺"，象形字，常出现在甲骨文中，指那些很高、很重，且下部有着很结实底座的容器。《现代汉语词典》解释为：陶瓷或金属制成的容器，有嘴，有把或提梁，用来盛液体。此外，"壶"还通"瓠"。瓠瓜，小称"葫芦"，葫芦从人类定居时代就被当作取水及盛水的器具，在壶漫长的形制演变中一直保留着以葫芦为原型的造型。我国使用壶的历史可以追溯到新石器时期，迄今为止发现最早的壶是新石器时期的红陶三足壶。有了原始瓷器之后，瓷壶以其结实耐用、不漏水等优点逐渐取代了陶壶。

了解了壶之后，再来探究一下执壶的发展历程，以及这一称谓从何而来。

执壶起源于鸡首壶。鸡首壶，始于三国末年，流行于两晋时期延至隋代，因其流部附有鸡首形装饰物而得名。起初的鸡首与壶体是不相通的，故仅作装饰，无实用功能，是一种明器。随着人们对实用功能的追求，对其进行了改进，壶体变高，腹部增大，鸡首颈部中空，且与壶腹相通可出水，具备了实用功能。

古代文献将唐代以前出现的执壶称之为"注子""偏提"。在宋代高承编撰的《事物纪元》中提及："注子，酒壶名，元和年间（806—820）酌酒用注子。"宋王念石撰著的《中国历代酒具鉴赏图典》中写道："注子，中唐时又称'偏提'。因唐肃宗有一爱妃名郑注，为避讳，故改注子为偏提。其形已接近现在的执壶，体型矮胖，广口，有嘴无把手，既可盛酒，又可注酒于酒杯中，取代了以前的尊勺。"在《青白瓷鉴定与鉴赏》一书中作者提及"壶的造型多种多样，有瓜棱壶、提梁壶、兽流壶、葫芦式壶、扁腹壶等，但较普遍的特点是体型较大，都带执柄，故一般通称执壶。"有学者认为"执壶"的命名与其拿取的方式有关。"执"有拿着、握着的意思，故名"执壶"颇为贴切。

　　唐代的执壶是在鸡首壶的基础上演变来的，但是又独具艺术特色。唐代国家富强，人们生活富足，社会开放，这就决定了唐代的审美崇尚丰满华丽。因此，唐代的执壶都比较丰满盈厚，壶腹都比较圆润饱满。考古资料显示，唐长沙窑出土题有"酒温香浓"款的执壶，还有湖南省博物馆馆藏一件长沙窑青釉褐彩诗文执壶，所题内容为："春水春池满，春时春草生，春人饮春酒，春鸟哗春声。"由此可知，执壶在此时多被用作酒器，至于当作茶器的可能性也有，不过从使用率上讲要小于酒具。因为唐朝是中国茶文化的形成时期，执壶一般用来辅助茶器，多是作为装水的容器出现，到了晚唐五代，随着点茶的出现，才成为主要的茶器之一。因制瓷技术的局限性，唐代执壶大多是短流，长流在烧制过程中易变形且容易折断。由于唐代对外交流频繁，金银器就通过丝绸之路被引入，从而影响了执壶的形制及装饰风格，壶体逐渐出现了瓜棱腹，因为棱线就是模仿金银器的压印制作工艺而来。

宋代执壶的发展

　　宋代的执壶继承和发展了唐代的执壶形制。到了宋代，朝廷上下盛行饮茶之风，从而给执壶的大量生产创造了条件，在这过程中，执壶的形制也跟着发生变化。宋代在历史上是　个艺术评价较高的王朝，其审美不同于唐代的华丽丰雍，而是以瘦削理性为美，追求雅致含蓄的格调，如一代君王赵佶就以"瘦金体"在书法上独创一格。此时的执壶在体量上不及唐代，整体形制显得挺拔。此时的执壶已经配备了壶盖来防尘及储物，壶盖也饰以印花或者圆纽及管状物，也达到了方便拿取的目的。颈部较之唐代的时候变得纤细一些，显得更加俊朗。肩部一改之前丰肩的样式，多为溜肩及折肩，且壶腹多以瓜棱状为主，不同于唐时那么鼓圆，不再显得那么拙重，并受同时期金银器的形制影响，多加棱线等装饰，使壶体显示出优雅静谧之美。在制瓷技术得到大发展的前提下，壶体变薄，流部长且有弧度，满足了当时"斗茶"的需要。把手的制作多采用宽带扁把手，并以篦划纹饰之，且与壶体的距离也比较合理，

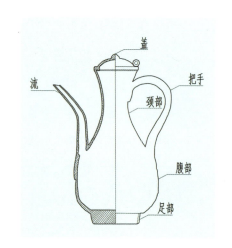

执壶各个部位名称

形制分模示意图

便于提拿，底部逐渐增高。

随着制瓷水平的发展、审美追求的改变以及为了实现某些功能的需要，人们对壶延伸出了许多附件，例如便于提携的系纽，底部采用接足工艺，使得底足变高。工艺美术反映着时代的审美追求，又直接体现社会的生活方式。壶类器皿在历史长河中经历了由低级至高级，由粗糙至精致的一系列演变过程，在这过程中，延伸出了许多不同器型的壶，但许多壶型存世时间较短，执壶存在的时间较长，其基本形制相对而言是较成熟固定的，但是细究其构成部分在不同时期的样式，又会发现因时代背景不同，人们的审美倾向以及实用性的侧重点不同而发生着一系列的变化。根据执壶的形制，将其拆分为口部、颈部、腹部、足部、流部、把手及壶盖等部分，既方便识别当初的制作工艺，也便于后来的研究展开。

"南海I号"出水的德化窑执壶，纹饰精美，种类繁多。纹饰是造物思想的外在表现，纹饰的精美提炼，也彰显着彼时代思想境界及审美取向的高度发达。在探秘这些纹饰的同时，能带给我们不同的感受，除了对历史的尊重，更多的是增添了一份民族自豪感。下面我们一起领略一下执壶上的精美纹饰。

蕉叶纹

青白釉葫芦型执壶，壶颈部印一圈乳钉纹，下印五组蕉叶纹，每组三片蕉叶，腹部对应印蕉叶纹，叶片内用篦划纹表现出叶脉。

青白釉葫芦型蕉叶纹执壶

牡丹纹

青白釉印花执壶颈、肩衔接处有一道凸棱，腹上部印缠枝牡丹纹，腹下部印缠枝花卉纹，腹底端双弦纹下印一周仰莲纹。

竖条纹

青白釉印花竖条纹执壶，颈中部接胎处印一圈卷草纹，肩部印卷草纹，肩下部贴塑乳钉纹一周，腹部模印竖条纹，以中部接胎处分野，腹底端印一周仰莲纹。

"南海Ⅰ号"沉船发掘至今，已经出水了数量众多、造型各异的文物，有做工繁复而富丽的金银器，有造型古朴的罐类器皿，有纹饰洒脱的碗碟

青白釉印花执壶

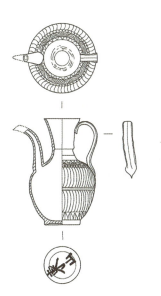

青白釉印花竖条纹执壶

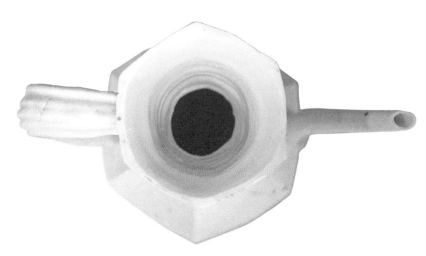

明显的拉坯痕

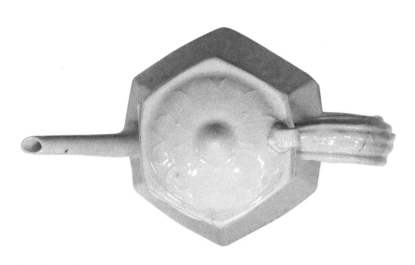

壶盖饰以模印莲瓣纹

宽带把手

等，精美的文物不止给世人带来惊艳，同时也带来艺术的享受，德化窑青白釉执壶更是独树一帜，其优美修长的壶身、洁白温润的釉色、弯曲而顺畅的流部彰显了宋代雅致的审美观与实用相结合的韵味。由于篇幅有限，本文只介绍唐宋时期执壶形制的演变以及装饰纹样。宋代此类执壶的制作难度相对较大，是我国制瓷工艺技术的一个见证，在造型、装饰、釉色等方面完美地诠释了执壶的独特魅力，更是执壶发展至宋代一个实用与艺术相结合的印证。宋代执壶优美的造型已多为后代模仿的对象而成为典范。

（刘慧茹）

底足增高

陶成雅器 素菊之象

『南海Ⅰ号』出水菊瓣纹碗

型以优良之胎釉，其体又恰在轻薄而釉润；取菊之花型，其形又妙在花好半开时；汲匀净堂洞之色，其色又佳于清新自然；印以菊瓣之纹，其纹又巧于立体生动。

　　且论风雅，要数宋人。"烧香点茶，挂画插花，四般闲事"，尽显风雅生活与美学追求。而与品茶、焚香、插花相伴的瓷器，自然也成为宋人不可或缺的把玩之物。

　　不同于唐代的奢华富丽，宋瓷寄托着一份特有的优雅情愫。这件"南海Ⅰ号"出水，现藏于广东海上丝绸之路博物馆的宋景德镇窑青白釉菊瓣纹碗，俯而视之，犹如一朵初晓绽开的白色菊花，予人清新雅静之感。

　　不错，碗之雅，在于型。此碗体略微小，通体呈菊花瓣式，敞口，斜弧深腹，腹内壁呈放射花瓣形，近底渐收，小圈足，形似半开扁菊状。造型清雅自然，别具韵味，令人耳目一新。

景德镇窑·青白釉菊瓣纹碗

通高4.5厘米，口径12.1厘米，底径3.8厘米，重83.9克
"南海Ⅰ号"出水，现藏于广东海上丝绸之路博物馆

碗之洁，在于色。碗胎质坚致腻白，胎体细薄；通体施以青白釉，白中泛青，尤其内腹壁各条棱线以及内底心模印花瓣纹边缘处，积釉甚浅而泛白，使器面呈现一种青白相映，层次有别的格调。釉面明澈丽洁，色泽温润如玉，器体通透万分，"有素肌玉骨之象焉"！

碗之美，在于纹。碗内壁饰印花装饰。内底以两层多瓣花卉形成的花蕊为中心，与由口至身压印的菊瓣状纹，组成一个立体的花朵图案。其中27道筋纹极像花瓣的边缘，花瓣渐开渐宽，美在其中。整体来看，纹饰清晰精美，简洁大方，布局疏朗匀称，线条自然流畅而不失规整，装饰技法亦独胜一筹，使之尽弃雕琢之气。

当然，如此精美的菊瓣纹样瓷器，并非偶然存在。宋代是瓷器菊花纹装饰全面发展的阶段，现北京故宫博物院即藏有多件宋代哥窑、耀州窑菊瓣纹瓷器珍品。而菊瓣纹的流行，与当时的审美艺术和时代精神密切相关。

众所周知，宋人推崇外儒内道，一方面是儒家的格物致知，追求高风亮节，一方面又向往道

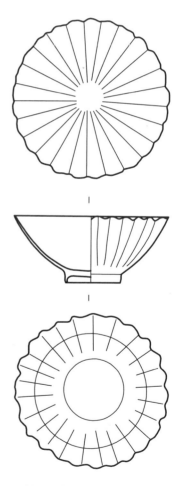

景德镇窑·青白釉菊瓣纹碗线描图

170

家返璞归真、淡泊清净的审美意境。而菊花正好兼备二者品性。自晋代陶渊明"采菊东篱下，悠然见南山"这一诗句以来，菊花就成为淡泊明志的代表。

陶公是隐逸诗人之宗，其种菊、采菊、服菊，有诗序曰："秋菊盈园，而持醪靡由，空服九华。"据考证，九华为一种白色菊花。宋代史铸《百集菊谱》载："此品乃渊明所赏之菊也，今越俗多呼为大笑，其瓣两层者本曰九华，白瓣黄心，花头极大，有阔及二寸四五分者，其态异常，为白色之冠。香亦清胜，枝叶疏散，月半方开。昔者渊明尝言秋菊盈园，其诗集中仅存九华之一名。"由此可见，传统意义上的白色菊花更具有高洁隐逸的花品。

至宋代，菊花又以白色为纯正。宋代史铸《百集菊谱》记载："若论其色，亦有差等，当以黄为尊，以白为正，以红紫为卑。"这也许是因为，白色菊花的贞洁明亮更与宋士大夫的高风亮节相配。宋代理学大家程颐与邵雍，曾论看花说："物物皆有理，吾济看花，异于常人，自可以观造化之妙。"而邵雍《和张二少卿丈白菊》一诗，即表达了白菊品格上的暗喻。

清淡晓凝霜，宜乎殿颢商。

自知能洁白，谁念独芬芳。

岂为琼无艳，还惊雪有香。

素英浮玉液，一色混瑶觞。

此诗句赞美的白菊飘逸超然、清净透白，傲立风霜。宋人爱菊，不仅因为它高洁隐逸，更由于它傲霜挺立，"凌霜留晚节"，高风亮节是菊最可贵之处。那么，当宋人将对菊的喜爱，融入生活，带至艺术，以菊花花型入器，饰以菊瓣纹样时，便赋予了菊瓣纹样瓷器独特的神韵美感与素雅灵气。

而这件菊瓣纹碗既兼备了这股神韵与灵气，又具独特之处：体轻、形妙、色白、纹似。塑以优良之胎釉，其体又恰在轻薄而釉润；取菊之花型，其形又妙在花好半开时；汲匀净莹润之色，其色又佳于清新自然；印以菊瓣之纹，其纹又巧于立体生动。

的确，宋景德镇青白瓷素以胎体轻薄、釉色青白闻名于世，这与白菊体态轻盈、色泽洁白清新相符。而宋邵雍有诗"美酒饮教微醉后，好花看到半开时。"半开之花，既有朦胧的美学之境，又有含蓄内敛之意，体现了宋理学家的人格追求。这恰到好处的匠心之作，细而赏之，才发现如此细节之妙处，让人不得不叹服匠者之技艺与用心，可谓自然之致，宛如历史遗留在尘世间的一朵超然脱俗的白菊，亦与宋人格物致知的精神、淡泊宁静的审美意境相得益彰。

如果说宋人赋予瓷器如此般的灵魂，那么工艺带来的这般直观的美学享受，无异给世人留下了无价之宝。或许菊花易逝，但"菊"瓷犹在，观之赏之，陶冶性情；玩之用之，满足生活所需。

时至今日，该菊瓣纹碗的用途，已无从考据。不过从其精致程度来看，至少不只是观赏品，正所谓格一瓷，致一知也，也符合宋人格物致知的追求。当然，宋人亦追求雅致的生活，用器之考究，今人难以理解，其充当食器或茶器或礼器，也无可厚非。

遥想宋人，在水榭庭院、松下竹间，呼朋唤友，相聚一堂，或饮酒作诗，或谈经论道，或饮宴品茗，或焚香抚琴，当此之时，案几上置这盏菊瓣纹碗，以盛菊花糕饼，或注菊花茶汤，谈笑之间，尝之，"爽然有楚畹之风"，唇齿间顿生清爽之感，岂不雅哉。

难怪明宋应星感叹："陶成雅器，有素肌玉骨之象焉。掩映几筵，文明可掬，岂终固哉？"

以菊造瓷，用心成品。这件宋景德镇窑青白釉菊瓣纹碗，融入菊之神韵，铸就瓷之灵魂，成为瓷器"碗中君子"。其制作巧妙精工，不仅体态形象生动、流畅自然，而且功能稳定，既美观又实用，当属瓷中精品。

千古宋人已不再，但此碗之素雅菊韵犹还在。

（马显冰）

宋人意趣 以形写神

『南海Ⅰ号』出水婴戏纹碗

800多年前，这些带有浓厚的东方艺术烙印，笼罩着人文气息的瓷器经商人之手，通过海上丝绸之路远销海外，向世界各国展示着宋人的社会生活和精神风貌

从古至今，中国灿烂的陶瓷文明一直为世人所称道。在文人风尚盛行的宋代，瓷器不仅仅是实用器皿，更是体现宋人审美意趣的艺术品。800多年前，这些带有浓厚的东方艺术烙印，笼罩着人文气息的瓷器经商人之手，通过海上丝绸之路远销海外，向世界各国展示着宋人的社会生活和精神风貌。

作为一艘南宋时期的远洋贸易商船，"南海Ⅰ号"沉船出水了大量当时南方民窑的瓷器，这些瓷器上的纹样和装饰手法在一定程度上体现了宋人的审美情趣，其中尤以江西景德镇窑系瓷器最为典型。

这件从"南海Ⅰ号"沉船出水的宋代江西景德镇窑系青白釉婴戏纹碗，

景德镇窑·青白釉婴戏纹碗

口径19.4厘米，足径5.8厘米，高5.8厘米，厚0.2～0.6厘米
"南海Ⅰ号"出水，现藏于广东海上丝绸之路博物馆

整体施青白釉，胎质细洁，釉质光亮，釉色白中泛青，青中带白。内中刻划相同的婴戏纹图案，布满碗的腹壁。碗内壁以简洁流畅的线条对称刻画了两个婴孩。寥寥几笔勾勒出的婴孩，形象逼真，栩栩如生。婴孩四周刻划花卉纹和卷云纹，一条条纹路曲线柔和优美，就像托着婴孩。这些纹饰和线条虽然布满碗壁，却繁而不乱，层次分明，清新自然。

婴戏纹是陶瓷人物纹中的一种传统题材，流传时间较广，最早见于唐代长沙窑，流行于宋代，明清时期走向鼎盛。它的构图大致可以分为两种类别：一类是儿童真实的生活画面及各种游戏玩耍的场景，体现了儿童的生活风貌；另外一类是想表达一种有象征寓意的情节作品，通过婴孩与不同器物相结合，表达不同的内涵。如与石榴组合，因石榴结子繁多，故寓意榴开百子，多子多孙。

宋代的婴戏纹在寓意表达方面与其

景德镇窑·青白釉婴戏纹碗线描图

他时期的婴戏纹近似，但是在构图手法上却有所不同。这一时期的婴戏纹饰大多刻画一到几个婴孩嬉戏玩耍的情景。与其他时期相比，在题材、场景、画面上要小得多，少有群体婴孩活动场面，描绘的都是简洁、单纯的物象，摒弃了一切不必要的细节。"南海 I 号"出水的这些青白釉婴戏纹碗同样也是以简洁的手法刻画出婴孩形象，通过几根动态的弧线刻出儿童的圆脸、身躯和四肢，简洁生动又突出了儿童的主要特征。

两宋时期崇尚文治，文人士大夫阶层崇尚自然的审美倾向在当时的社会形成了一种风尚。与此同时，这些文人也大量参与艺术创作，并且在作品创作的过程中渗入自身的理想、品味和情感，引领当时的艺术审美趣味。这一时期的装饰纹饰构图往往比较写意，追求"以形写神"的艺术效果，这一特点在宋代的婴戏纹当中就得到很好的体现。

宋代瓷绘婴戏图的画面简洁生动，在刻画形象的基础上更加注重意境的表达，这恰好也印证了宋人崇尚自然、注重意味的普遍审美风尚。

（梁成座）

云卷云舒 雅致之选

『南海Ⅰ号』出水卷云纹碗

中国陶瓷发展源远流长。在远古时代，人们就开始捏土烧陶了。据说，最开始的纹样是人们一不留神在陶器上留下的花纹，后来随着制瓷工艺的提高和人们审美意识的加强，人们便开始有意识地在器物上添加纹样。在我国丰富多彩的装饰纹样中，云纹是人们常用的典型纹样之一。

云纹又称"云气纹"，因其形状像云朵，故有此名。云纹装饰在我国艺术的发展过程中得到了广泛的运用，不管是在绘画、建筑还是日常的生活用品中都可以发现云纹装饰的存在。在我国陶瓷艺术的发展过程中，云纹装饰也大量被使用在陶瓷器物上。宋代制瓷业兴盛发达，纹样从最初简单的席纹、弦纹、水波纹等逐渐发展为更复杂的几何纹、动物纹、植物纹、人物纹等。

有研究认为,云纹来源于人类对自然界中云的形态的模仿。这种模仿,本质上是对自然的崇拜。在古代,人们的思想尚处于蒙昧的状态,对世界万物大都充满了敬畏之感。在长期的劳动实践过程中,人们逐渐认识到了云的重要作用,他们意识到每当云聚集较多时能产生风雨雷电,同时,云也能带来晴空万里。所以,古代先民们普遍对云有敬畏之感。在这种敬畏之情的激发下,人们对云产生了一种崇拜心理。在我国商代的甲骨文中就有祈天降雨的记载。在当时的祭祀中,人们不光祭雨还进行祭云的活动,人们会将云绘在岩壁、器物、石块以及所用动物骨骼上并加以膜拜,原始云纹随即产生。学术界多把新石器时代的旋涡纹视为早期的云纹形态。在已发现的新石器时代的遗存中就发现了旋涡纹的存在,由于旋涡纹与后来的云纹造型相似,因此也被认为是云纹的早期形式。

云纹是中国古代最常用的吉祥图案之一。因为云能造雨以滋润万物,给人们带来吉祥如意。另外,"云"与"运"谐音,含有运气、命运之意。人们还喜欢用云来修饰许多美好事物,如云鬓、云梯、云锦、云锣、云游等等。同时,云还有"高"的意思,如"云步石梯"比喻登向高处的石梯,象征着高升;唐代诗人元稹还用云来比喻爱情,如"曾经沧海难为水,除却巫山不是云",他以巫山之云表达了对爱妻的眷恋之情。这些都说明云在中国人心中有着吉祥、美好、高升等含义,因此,也广受人们喜爱,成为人们喜闻乐见的装饰纹样。

龙泉窑·青釉刻划卷云纹碗

口径19.8厘米，足径6.6厘米，高8.2厘米

"南海Ⅰ号"出水，现藏于广东海上丝绸之路博物馆

龙泉窑·青釉刻划卷云纹盘

口径18.9厘米，足径6.3厘米，高4.6厘米
"南海Ⅰ号"出水，现藏于广东海上丝绸之路博物馆

龙泉窑·青釉刻划卷云纹盘线描图

经过几千年的发展演变，云纹图案得到不断的丰富，每个历史时期的云纹样式，都融入各自时代因素并形成独特的风格。包括有商周时期的云雷纹；秦汉时期的卷云纹、流动云气纹以及羽状云纹；魏晋南北朝时期的钩云纹、飘带云；隋唐时期的朵云纹；宋元时期的如意云纹；明清时期的团云纹，形式丰富多彩。

"南海Ⅰ号"出水了部分宋代云纹瓷器，类型主要包括云纹盘和云纹碗等，多以卷云纹为主，线条卷曲起伏，给人以流动之感。

"南海Ⅰ号"出水的浙江龙泉窑系青釉刻划卷云纹碗，青灰釉带青黄，胎体为灰胎。碗的内壁用双线"S"形纹分隔成五个区域，各区域刻划有卷云纹图案。这些云纹的曲线给人一种轻盈柔和温婉的美感，产生了一种寓静于动的审美效果。曲线的变化不仅使"云"的流卷形态得以形象化显现，而且也将一种普遍的旋转感、流动感、变幻感以最简洁、最生动的方式予以表现。

云纹并不单单是纯粹的审美之物，而是在更深的层次寄寓了人们的观念与信仰。不论是从审美的角度，还是从文化的角度，都具有广泛的继承性与时代性。"南海 I 号"出水的云纹样产品不仅体现了宋代人的审美观，还向世人揭开了宋代云纹所蕴含的丰富历史文化信息。

（谢玉华）

吉祥瑞兽 纳福聚祥

『南海 I 号』出水文物动物纹饰

在表达情感与寄托心意上，动物似乎比植物更胜一筹，动物甚至能和人类保持一种亲近关系，或者把这种关系展现给人类去看。

中华民族的五千年岁月里，先民们为了寄寓追求幸福、美好、平安的愿望，往往以借喻、比拟、双关、谐音、象征等手法，在首饰、生活用具中，在陶瓷器、青铜器、金属器等器物上刻划大千世界的诸多动物形象来表情达意。从而形成了许多吉祥的纹饰图案和符号。这种吉祥文化从部落图腾延伸到人们的衣食住行，延续贯穿于中国的社会历史发展之中。人类的吉祥观念萌生自原始社会的图腾崇拜。庄子说："吉者，福善之事；祥者，嘉庆之征。"以吉祥纹饰反映于工艺上，起始于商周，发展于唐宋，鼎盛于明清。随着吉祥意识、吉祥符号、吉祥寓意的代代相传，逐步凝练成为丰富深广的吉祥文化，寄托着人们对吉祥美好生活的向往和追求，表现了深沉的意蕴和内涵。

　　"南海 I 号"出水文物中的动物纹样题材丰富，可以分为写实动物和虚幻动物两类纹样。写实动物纹样包括沿丝绸之路传入中国的动物纹样，如狮纹，也有中国本土动物纹样，如鹿纹等。虚幻动物纹样包括龙纹、凤纹等与民间传说或者宗教紧密相关的纹样。

龙纹

　　龙是中国神话传说中的一种神异动物，长有虎须尾，身长若蛇，有鳞如鱼，有角仿鹿，有爪似鹰，能走，亦能飞，能大能小，能隐能现，能翻江倒海，吞风吐雾，兴云降雨。龙在阴阳宇宙观中代表阳，是中华民族的图腾。封建时代龙作为帝王的象征，也用来指帝王和帝王使用的东西，如龙颜、龙廷、龙袍、龙宫等。龙纹是中国传统纹样之一，广义的龙纹包括龙纹和与其他纹样组合而成的纹，如云龙纹、海水龙纹等，而狭义上的龙纹则单指纯粹的龙纹。

　　通过海上丝绸之路，中国龙文化也传播到了日本和东南亚诸国，也对这些国家产生了深远的影响。东汉时期，龙的形象由中国正式传入日本，并演变成蛇身与其他动物的组合，被人们视作可以上天入地的水神和龙神。而龙纹的体态在不同的朝代也有不同的变化，其中宋代龙纹头小脚大身躯壮，发后冲，有须，三趾，有威武感。"南海 I 号"出水的金虬龙纹环、云龙纹铜镜等，是宋龙纹的代表性文物。

金虬龙纹环

"南海I号"出水，现藏于广东海上丝绸之路博物馆。虬龙，盘曲的龙，古代传说中有鳞曰蛟龙，有翼曰应龙，有角曰虬龙，无角曰螭龙。该环两头饰虬龙头，可见龙眼、龙须、龙角一对，两龙头对接处留出空隙，圆环截面有圆柱状凸出物，龙身由三条阴刻线分成五段，五段有两条平行阴刻线连接。龙身饰珍珠地纹，平行线两侧为山形和水形纹饰。

云龙纹铜镜 X 光探伤图（依稀可见云龙纹）

云龙纹铜镜

　　"南海 I 号"出水。由青铜铸制而成，是宋人用以照饰容颜的妆奁用具。正面磨砺光洁，镜背饰云龙纹，中饰太阳纹。因铜镜体形薄，纹饰阴线、阳线并重，增强了整体的层次感。

凤纹

凤又称"凤凰"，是中国古代神话中的百鸟之王、四灵之一。通常人们把雄鸟称为"凤"，雌鸟称为"凰"（古时作"皇"）。凤是古代社会人们想象中的保护神，民间将其形容为"头似锦鸡，身如鸳鸯，有大鹏的翅膀，仙鹤的腿，鹦鹉的嘴，孔雀的尾"。凤居百鸟之首，象征美好和平。

宋代凤多与牡丹相配，形成凤衔牡丹、凤穿牡丹等纹样。"南海Ⅰ号"出水的绿釉印花凤鸟纹粉盒、剔红双凤缠枝花卉纹菱花口圆漆盘等，是宋代凤纹的代表性文物。

凤求凰百花铜盘

"南海Ⅰ号"出水。铜盘盘底满饰凤求凰百花纹，其中花纹由枝、叶、花组成，图案中心两侧、百花之间，相对各刻凤、凰一只，凤、凰头部相对，在一直线上。

双凤朝阳带柄铜镜

"南海I号"出水。八出菱花镜。缘为双凤朝阳纹饰，阳刻。镜面中心为圆柱形乳突，整体呈太阳纹，左右各饰一只凤凰，凤凰彼此相对，尾部可各见三根凤尾，彼此相交。

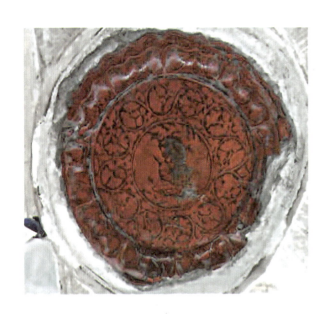

剔红双凤缠枝花卉纹菱花口圆漆盘

"南海 I 号"出水。漆器是以漆为造型或髹饰媒介的器物。中国是最早发现并使用漆、发明漆器、创造漆艺术，并传播到全世界的国家，其历史可以追溯到 7000 年前的新石器时代。漆盘平沿表面满绘缠枝草叶纹，内外腹壁满髹红漆缠枝草叶花卉纹，漆盘内底剔红图案分四组，自盘内底中央向边缘依次为凤凰一对、十二朵缠枝花卉一周。

福建·磁灶窑 绿釉印花凤鸟纹粉盒

粉盒呈圆形，侧边施竖条纹，器身和器盖皆分开，未见成套器物。器盖、器身均为子母口，口下一道凸弦纹，弦下密集竖条纹直至底部，内凹底，器盖底部印有一对展翅对飞的凤鸟，粉盒器身底部有三个支钉痕，通体施绿釉，釉色绿而发亮，局部受腐蚀影响。穆斯林信奉伊斯兰教，崇尚黑、白、绿三色。"色尚白，本色也。爱绿，天授万物之正色也。不用红、黄。红，艳色也；黄，僻色也。"伊斯兰教认为，绿色是神圣的颜色，在伊斯兰教徒的生活中被广泛使用。"南海Ⅰ号"沉船出水的绿釉陶瓷器，迎合了东南亚伊斯兰教徒的审美要求。

福建·德化窑 青白釉印花凤鸟纹粉盒

盖面中心印凤鸟花卉纹，向外两圈弦纹，弦纹间印斜线纹，盖沿处钱三组蝙蝠纹。"女为悦己者容"。古代女性化妆中重要的步骤之一，就是敷粉。为了满足装粉的需求，瓷粉盒这种器具应运而生。宋代瓷粉盒的装饰题材多种多样，不论植物纹样、动物纹样还是情景类纹样，都十分广泛丰富。动物纹样中既有神异的龙纹样、凤纹样，也有生动的鸟类、蝴蝶、蝙蝠等纹样，这些纹样都蕴含着祈福、祝愿等寓意。通过海上丝绸之路，和中国进行贸易的56个国家和地区当中，以瓷器进行贸易的有15个，瓷器出口数量庞大，其中瓷粉盒也在出口瓷器范围之内。

狮形

狮子凭借漂亮的外形、威武的身姿、王者般的力量和梦幻般的速度，赢得了"万兽之王"的美誉。狮子在中国民俗文化中占有重要的地位，旧时的官府、宫殿、庙宇等处皆可见狮形装饰。中国人喜欢用狮子形象保平安，纳富贵。狮子原产于非洲、中亚、美洲，于西汉时从西域传入我国，被视为祥瑞之兽。《汉书·西域传》记载："乌弋国有狮子，似虎，正黄，尾端毛大如斗……世传狮子为百兽之王，每一振发，虎豹慑服，故谓瑞兽。"《续汉书》亦载："条支国出狮子。"《本草纲目》中记载："狮子出西域国……为百兽长。"

佛教经典对狮子非常推崇，它是佛法威力的象征。随着东汉时期佛教传入中国，狮子的形象在人们的心目中得到了升华。到了宋代，狮子被世俗化后人们赋予它更多的功用和象征意义，成为吉祥的象征。

福建·磁灶窑 绿釉狮纽熏炉

"南海I号"出水。熏炉为古时用来熏香和取暖的炉子，宋代陶瓷熏炉小巧精致，以仿制青铜器造型者居多。"南海I号"出水的熏炉就有仿动物形的绿釉熏炉。熏炉分盖与身两部分。器盖顶部为挠首卧狮纽，狮子制作粗糙，表意性强，盖身盏状，平顶，顶部中心穿一大圆孔，壁弧斜，壁上穿三孔，宽平沿。狮纽外壁通体施绿釉，内壁部分有釉。狮纽嘴部张开，既可实现出烟的功能，亦较有形神兼备的艺术效果。炉身口沿为盘口，口部外侧贴附两竖耳，腹部为六瓣瓜棱状，下腹斜收成平底略内凹，下腹接三个兽足。

鹿纹

鹿纹缘起于人们最初对鹿的图腾崇拜，经过不断的艺术探索和发展，逐步成为一种约定俗成的中国传统吉祥纹样。《说文》谓："鹿，兽也，象头角四足之形。"鹿在古人心目中是一种祥瑞之兽，南朝梁沈约（441—513）的《宋书》卷28《符瑞志中》说："白鹿，王者明惠及下则至。"另《宋书》卷29《符瑞志下》谓："天鹿者，纯灵之兽也。五色光耀洞明，王者道备则至。"在中原的神话中白鹿象征长寿和善良，"白鹿宝车"更是唯有神仙才可使用。中国人历来对鹿就有钟爱之情，鹿具有善良、温和的品性，是祥和、权力、俸禄、富有和爵位的象征。它美丽的外形，轻盈的体态，深受人们的喜爱。从人类童年开始，鹿就和人们的传统信仰以及宗教观念结合在一起，形成了丰富多彩的鹿文化。鹿纹在不同时期和不同地域文化中不尽相同，甚至是同一文化类型的不同载体上也会有所差异，鹿纹的每一个吉祥题材都有其深厚的历史渊源和文化内涵。鹿纹在其产生和发展的过程中，生动地反映了古代先民们为抵御灾难、征服自然所付出的艰辛，以及他们对功名利禄和幸福生活的向往。

福建·德化窑 青白釉扁执壶

"南海1号"出水。缺柄。壶是中国陶瓷日用器具之一，在宋代被称为"执壶"
或"注子"。宋人广泛将其用于饮酒、斗茶和注水等。该扁壶正面阳印"禄"，
花和鹿组合图案。局部釉面开片，被凝结物污染呈红褐色及黑色，背面微鼓，
阳印"福"，花和鹿组合图案。

在表达情感与寄托心意上，动物似乎比植物更胜一筹。动物甚至能和人类保持一种亲近关系，或者把这种关系展现给人类去看。而我们的先人在文明之初就已经懂得，人与动物可以相互利用，情景随之变得复杂，由此产生文化。实际上，我们和动物之间是一种文化关系，我们自打有文字开始，就赋予了动物许多文化属性，这种文化属性逐渐演变成社会属性，有了善与恶，对与错，人类因此就在善恶对错中前行，而各种器物上的动物纹也由最初的客观记录，逐渐演变成肩负文化重任的使者。

（李　剑）

装点宋人『金』致生活

『南海I号』出水金器

中国的器物历来充满着神秘的东方色彩，因为贸易的发展而流布到海上丝路沿线的国家，不禁让人神往在过去交通和通讯不发达的时代，这样的商品承载了多少关系生命安全的危险和对异国的向往，珍贵而稀有。

隐藏在绵延软沙、湛蓝海岸边的前卫建筑，低调安静，玻璃幕墙外，只听见海浪的声音，空气里弥漫着树林的甜香和海水的新鲜味道——这就是安置"南海I号"的海上丝绸之路博物馆。若将这里想象成宋代的一座百货商场，必定是一家大型出口贸易免税店。三楼是奢侈品卖场，黑色的丝绒背景里，镶嵌着一件件金饰，摆放疏落有致，灯光柔和地聚焦在上面，精细的雕花清晰可见……

想象一下，零售广告牌的文案会不会是：装点金致生活；大宋风尚，神秘东方古国的尊贵象征，极具收藏价值；远洋高雅品位，文人风尚，来自遥远东方哲人的国度，可繁可简，既野又甜，名匠手艺，传世精品。

但有理由相信，能写出"揉破黄金万点轻，剪成碧玉叶层层"的宋人肯定不会写得这么直白。

下面一起来鉴赏"南海Ⅰ号"出水的一批南宋金器。这批金器均为首饰或佩饰，数量多，形制繁复，制作精美，造型独特，主要有项链、戒指、手镯、耳环等，制作工艺包括编织、焊接、掐丝、炸珠等，各种工艺组合使用，纹饰以錾刻为主，也见阴刻纹饰，所见的装饰纹样主要有花卉纹、卷草纹、几何形纹、联珠纹、篦点纹、龙纹等。

四季花草自然系列手镯

四季花卉纹金臂钏装饰精致，细节到位，捶揲有上下两组花卉纹。花朵与叶片相间排列，中间有凸线隔开，正面凸出，背面凹陷。花朵及叶子錾刻出脉络纹样，底子錾刻有网格纹，纹样层次丰富。镯面宽约3厘米，花朵及叶片形态多样，线条生动。两层花卉均有五朵，均匀分布在叶片之间。上下两层的叶片相同，均狭长，叶柄较细长，叶子分2～3岔，对生，顶端为一片。两层的花朵位置上下一致，其中上层的花为6至7个花瓣，中间为花心，下层的花为重瓣。花朵上层像牡丹，下层像莲花。

出水时，有黑色微生物附着及褐色锈渍，清洗时用了3%过氧化氢+5%柠檬酸溶液浸泡，恢复了金质色泽。插销子母扣涂抹凡士林后能轻松开合。这种金器表面捶揲出的纹饰，有文章称之为高浮雕凸花立体装饰，是宋代金银器的特征之一。其纹饰多样，可为连续花纹，也可为动

四季花卉纹金臂钏

外径5.2厘米，周长17.6厘米，身宽2厘米

四季花卉纹金镯

外径5.2厘米，周长17.6厘米，身宽2厘米

植物或人物，也可捶揲出壶、杯、盘等造型。

四季花卉纹金镯捶揲有 8 朵花，横向排列，菊花、牡丹、莲花、梅花各两朵，凑成一年景。镯宽约 2 厘米，花朵与周围缠绕的枝叶相间排列，叶子呈 S 形分布，底子錾刻有磨砂纹，纹饰节奏韵律感强。收口处两侧有小孔。金镯出水时与前述臂钏一起，被挤压包在臂钏内部，淤泥均匀分布在两镯之间，起到很好的保护和防摩擦作用。两个器物都有状似莲花的花朵，所有花朵及叶片的大小、分布、风格等都相似，应为同一作坊制作，有宋代器物清新隽雅的特征。

上述两件四季花卉纹金镯使用了捶揲、錾刻工艺。

粗犷威严的"异域"金镯

"南海 I 号"遗址发现的龙纹手镯，在出水时，其中有一件表面附着的凝结物较多，经过清洗后，恢复纯金质地。金镯椭圆形，环状，内侧光滑，上、下和外侧刻有花纹，对称分布。各组纹饰以方框相隔，开合处刻有一对龙头，可见龙嘴、龙眼、龙须、龙角，龙头后接一段龙鳞，接着是篦点排列的三角形纹饰，中间为波浪形枝蔓纹。

金镯整体外形流畅，有着粗犷的金质镯身，表面却是浅浅的阴刻纹饰。龙头和龙鳞线条简约，表现力十足，透露出富贵有余的奢侈感，粗线条带来的庄严感，游牧民族豪爽的气概，又不失宋朝时代的清隽风格。镯身錾刻的几何纹饰均匀并富于变化，有韵律感，有着阿拉伯伊斯兰几何纹饰的

金虬龙纹环

内径约7x5厘米，外径约9x7厘米

方楞金环

内径4.1x4.5厘米，身宽0.3厘米，周长约15.7厘米

金虬龙纹环线描图

意味。双龙纹饰开创时代先河，承载着人们渴慕吉祥的愿望。手镯佩戴在人身上，突显尊贵和富裕。中国的器物历来充满着神秘的东方色彩，因为贸易的发展而流布到海上丝路沿线的国家，不禁让人神往在过去交通和通讯不发达的时代，这样的商品承载了多少关系生命安全的危险和对异国的向往，珍贵而稀有。

简约而不简单的方楞金环

方楞金环，四棱金条首尾相对成环，素面。与出水的其他金器相比，显得较为朴素，且数量不少。形状与宋时袈裟环类似，即展开为方形的僧衣，绕身披覆的时候，左肩下面用作扣搭的一枚大环，南宋的佛画像中也有袈裟环的描画。这件藏品极具现代极简主义风潮，兼具现代人对品质的追求及对低调的理解。

金双重顶链犀角形牌饰项链

"南海Ⅰ号"出水了数条项链，项链按款式分三链、双链、单链三种。双链项链，整体风格

金双重顶链犀角形牌饰项链线描图

金单顶链犀角形锥筒饰项链线描图

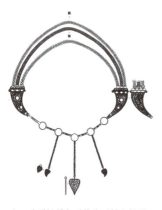

金三重顶链犀角形牌饰项链线描图

金双重顶链犀角形牌饰项链

底端链长26.3厘米，顶端链长30.3厘米，截面宽0.5厘米，重191.87克

粗犷，富丽堂皇，细处精巧细腻。双链的开合处为左右对称犀角造型，链条由扁金蔑编成十字形，棘棱单体两两相扣编织而成。吊坠为流苏状，有三条，均为两边的金珠焊接立体中空的石榴坠，和中间的镂空掐丝平面桃心坠；犀角表面有卷草纹掐丝，用以衬托两颗宝石座，宝石座周围一圈用花瓣纹围绕；丝的制作过程为将金片捶成薄片，剪成细条，再搓成金丝。这些金丝线，运用掐、攒、填、焊、堆、垒、织、编等手法，可以制作成形状各异，如纱、笼、皇冠、项链等造型精美的器物。金丝编织难度大，易打结、折断，技术要求较高。

串饰

金瓜形串饰，长约 1.3 厘米，中间穿孔，或可用于穿制项链、耳环，或可缝在衣服上装饰。其制作采用炸珠、焊珠工艺，先吹出小金珠，再将小珠焊成立体镂空形状。金珠焊接过度平滑。多面金珠带有异域风格。另外，"南海 I 号"出水的带穿孔的金饰小件还有条形金饰、方座菱形金饰、方形立体金带铐。方座菱形金饰，表面焊接掐丝装饰；方形立体金带铐，表面缀有花丝和焊珠，组成祥云如意状等。这些小件大小都在 3 厘米以内，一如现在流行的粗编织彩绳串起一个串饰的式样。

"南海 I 号"出水金器轮廓简约，内部精巧，简单的线条刻画出花朵造型。金质象征着财富，运用粗丝线掐成粗链条，充分展现出金光灿烂、财大气粗的风格。这一件件器物留给了人们关于宋代神秘货主无穷的想象。

金瓜形串饰

长1.3厘米，直径0.6厘米，重2.17克

金花灯形串饰

长1厘米，直径0.72厘米，重1.44克

金带銙

长2.36厘米，宽1.81厘米，高0.92厘米，重5.92克

条形金饰

长2.3厘米，宽0.4厘米，高0.36厘米，重1.94克

方座菱形金饰

分大、中、小三种器型，大者长1.81厘米，宽1.2厘米，厚0.57厘米，重4.14克

船上金器风格各异，有隽雅清新的，有异域且粗犷豪迈的，也有精致小巧的。这些金器有些出水于同一个漆盒中，有些分散在淤泥里，有些成套存留在船舱中，其中的缘故还有待将来的复原分析。南宋首都南移，沿海港口多，中外交流频繁，外籍人士众多，是多元融合的社会，因此金器制作会受到多方的影响，如西方波斯文化、北方草原风格、东南亚文化等，随之形成了既有朝代特色，也具异国风情的独特风格。展望古今，古代金银器制作工艺，捶揲、錾刻、炸珠、镶嵌、花丝工艺等，一直传承至当代，且依然大放异彩，乃至现今器物的造型也一脉相承。

（冯正腾）

中国宝货 四夷共用

『南海Ⅰ号』出水宋代货币

在海外贸易中，携带铜钱出境，不管是作为铜料，还是铜钱货币，均有利可图。周边国家中，往往也以宋钱作为流通货币，日本和越南在这方面均有较多的记载和发现，越南还曾仿宋钱样式铸钱。

"郭外相连排殿阁，市中多半用金银。"唐代诗人张籍《送邵州林使君》中有此一句，以市中多用金银来说明林使君将任职富裕之地。但诗中形容多为夸张的手法，自秦至明，民间流通的货币主力一直是铜钱。历史上，大量使用金银货币的多在边境、海贸等大宗交易上。两宋海上贸易发达，用金、银、缗钱、丝帛交易海外香料、象牙等频繁发生，致使大量金、银、铜货币外流。宋人张方平在《论钱禁铜法事》中就提到过这一现象，称之为"钱本中国宝货，近乃与四夷共用"。"南海Ⅰ号"作为中国海域发现的宋代海上丝绸之路上的重要沉船，自然也出水了大量的金、银、铜货币。

各朝代混杂的铜钱

铜钱作为主要货币，由来已久。自秦半两、汉五铢以来，各朝代均有铸造。铜钱作为货币，最大的缺点是，铸造材料铜，本身价值过高。各朝代流通、回收、熔铸铜钱的链条也不甚完善，市场上各朝代铜钱混合使用的现象多见。从考古材料上看，不管是窖藏，还是市集遗址，出土的铜钱往往都是各朝代混杂，且以宋代铜钱为多。"南海 I 号"铜钱出水的情况，也反映了这些特点。

铜钱出水特点：广泛分布，重点集中

"南海 I 号"铜钱的出水具有分布广、数量大、不均匀三个特点。在沉船上表面淤泥的清理过程中，所有的探方均出水过铜钱，且不限层位。在有凝结物壳层的探方中，壳层上下也均出水过铜钱。

2002—2007 年水下调查过程中出水的铜钱约 5000 枚，以 2002 年为主。这些铜钱也出自一个集中埋藏区。总的来说，散落的铜钱超过 18000 枚。

在整理 2014—2015 两年发掘出水的铜钱时，2014 年出水的较为完整的铜钱就有 8000 枚，2015 年出水的铜钱有 4000 余枚。2017—2018 年的发掘中，除了舱内瓷器间散落的铜钱外，还在 C06c 舱出水了数百公斤，集中堆放在铁器下。集中出水的铜钱明显带有绳串的痕迹，但因为锈蚀或腐蚀严重，无法清点每串的数量。

2020—2021 年的发掘，以清理船外、船底淤泥为主，也发现了一些

铜钱集中出水

铜钱，但总数较上层淤泥中的少。

结合史料，可以认为当时船员普遍随身携带不少铜钱，个别船商或船员携带了大量的铜钱。

现实的荒诞：巨大的铸币量，复杂的钱荒

宋代尤其是北宋时期，铜钱铸造量堪称是整个封建社会的巅峰。宋代铜钱和汉五铢、唐开元一样，是流通范围最广的铸币。北宋元丰年间，"诸路铸钱总二十六监。……内铜钱十七监，铸钱五百六万贯"。506万贯的铸造量是史载之最。

宋代发达的商品贸易是铸币量不断上涨的主要动力。宋辽、宋金边境榷场贸易和民间贸易货币化，带来了巨大的货币需求。宋代冶铸业，以煤为主要燃料后，巨大的产能增长也为铸币量大增创造了条件。但大增的铜钱铸造量，并没有解决当时货币缺少的难题。宋代在史学研究上，一直存在"钱荒"现象。关于出现这一现象的原因有多种说法，概有铜料缺乏，

控制铜钱流向辽、西夏、金等国，民间融钱铸器等。

铜钱外流的主要渠道：海上贸易

宋政府对海上贸易造成的金、银、铜货币流失现象一直有所关注。《宋史》和《宋会要》中多有记载，也有立法条禁止，主要是严禁携带大量铜钱出境。金属货币不同于纸币，其本身具有较高的价值。在宋代尤其是北宋，由于铜钱质量较高，铜的价值往往会高于其作为货币的价值，民间往往融币制器。在海外贸易中，携带铜钱出境，不管是作为铜料，还是铜钱货币，均有利可图。周边国家中，往往也以宋钱作为流通货币，日本和越南在这方面均有较多的记载和发现，越南还曾仿宋钱样式铸钱。所以说，海上贸易也是铜钱外流的主要渠道之一。

集中出水的金银货币

金银天然是大宗交易、跨境交易的主要货币，在多数为大宗贸易的远洋商船上，金银货币的出水不足为奇。

宝匣藏金：金银货币的出水

金质货币，主要集中发现于两个容器中，一件容器是漆盒，另一件是竹笥。漆盒中发现了八枚金叶子和数件碎金饼、碎金珠、碎金片等，与金链、金耳环等贵重金首饰一起现世。竹笥中发现了十三枚金叶子、一枚金铤和两条金链。竹笥，是一种方形的竹制容器，相当于古代的行李箱。我们猜测，这些金质货币应是某个客商或高级船员随身携带之物。金叶子边

"韩四郎"金叶子

碎金珠

角均有戳印文字，正中也多有印文。金铤一面有戳印"十分赤金"字样。碎金子中的碎金饼、碎金珠都可见明显的剪切痕迹，应是使用过的货币。

金叶子上的印文主要有地名、人名、成色三种类型。常出现在四角的"霸南街东"为地名，出现在中央的"韩四郎""王帅教置""韩五郎金"指代人名。这些人名有可能是店铺主、工匠或监造人，其中"韩四郎""十分金"印文在陆地出土的金叶子中常见。"十分金""十分赤金"也常出现在边角，应是指示成色。经成分分析，

"张二郎京销铤银"银铤

此批金质货币含金量在 90% 左右，还含有银、铜等成分。

银质货币主要是环首亚腰的铤状白银，有二十五两、十二两五等不同规格，主要集中出水于十一舱中部，原应装在竹筐或竹箱中。银铤总重约300 千克，显然不能随身携带，应是专门运输到船上的硬通货。

和金叶子类似，银铤上也基本都有戳印铭文。目前比较多的铭文款识有"霸南街东""重二十五两""杭四二郎""张二郎""京销铤银"等。除了地名、人名外，"京销铤银"款识银铤在陆地考古中也有出土，标明的应是当时在临安使用的一种银铤形制。银铤的形制比金叶子更为规整，在规格上也是以重量区分的。

权衡度量："南海Ⅰ号"随船携带的称量工具

"南海Ⅰ号"沉船遗址中，发现了为金、银货币称量的工具，主要有

不同规格的银锭

挂盘天平、砝码和试金石。天平、砝码等是称量工具，试金石是验成色工具，即称量货币使用的完整配备。

陆地考古中也出土有楚国青铜挂盘天平和环权的组合，"爰金"即可能用此种量具称量。"南海Ⅰ号"出水的天平秤盘十分精美，大小不一，砝码则有多种重量规格。其中较大的砝码在 2017 年国家文物局水下文化遗产保护中心和沙特联合发掘的塞林港遗址中有近似规格（国家博物馆 2019 年曾展出）。

称量货币的使用，多有不便，所以金银货币的流通多局限在大宗贸易，也就顺理成章了。

走向市场：金银在宋代的货币化

从秦统一各种青铜货币以半两为主后，直到清代，铜钱都是最主要的

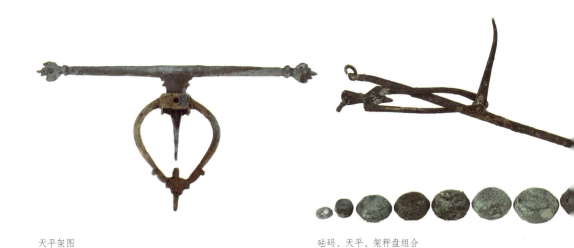

天平架图　　　　　　　　　　　　　砝码、天平、架秤盘组合

货币。但是，金银在发展中也逐渐走出了财富储备的功能，走向了流通领域。

　　金银货币在宋代都在流通性上有了长足的进步。《宋会要》中有金银用于禁榷贸易的多处记载。从出土材料上看，金银货币在形制上也开始规范，以临安金银钞引铺生产的样式为主。史料记载，两宋时期，金、银货币的流通范围逐步扩大至盐钞引、禁榷贸易、海上贸易等。海上贸易等商品贸易的发达，是宋代金银走向货币化的重要原因之一。

　　金质货币币值较大，和银、铜能够形成比较合理的币值差距。南宋时金、银货币多用于大规模贸易，在"南海Ⅰ号"上的出水，陆地出土地多分布于当时的临安及淮河宋金一线，也证明了这一事实。

金、银、铜货币在海上贸易中的使用

　　《宋会要》有"以金银、缗钱、铅锡、杂色帛、瓷器，市香药、犀象、珊瑚、琥珀……"的记载，说明金银铜货币用于海上贸易。在宋境内，金、银、

铜货币无疑可以交易货物，行使完整的货币功能。在境外，货币本身的价值往往起主要作用。

史料记载，东亚、东南亚国家使用宋代铜钱作为流通货币，这些国家和宋朝一样也喜欢融钱铸器，且铜料价格只会高于冶铸业发达的宋朝，所以这些可能犯了钱禁的铜钱，也可能成为主要的铸器铜料。

金银质货币天然就能在东西方不同地区流通使用，无非是因为黄金、白银产量及开采难度不同导致的币值差异。黄金的国际货币性质十分明显，但由于材质特殊，黄金往往会被熔铸成器物，因为黄金器物并不损害其价值。"南海 I 号"发现有金环直接被剪断流通的痕迹，可见海上贸易中的金质货币在根本上仍是贵金属。

白银在东亚、东南亚地区也常常作为货币流通。史料有东南亚地区使用某种银子交易货物的记载，但这些银子的形制不统一，且与中国大不相同。由于贵金属特性，银铤也会被多次分隔并重新熔铸使用。出土材料中，国外很少能见到宋代铤状白银，这可能与后来流通于西亚、南亚的压制银币逐渐在中国周边国家流通开来有关。也就是说，不同规格的白银后来大都被改制成了银币流通。

（叶道阳）

器底有乾坤 墨中蕴玄机

『南海Ⅰ号』发现的墨书陶瓷器

器物底部大多不施釉，相比施釉的地方，不施釉处质地粗糙，气孔率高，更易于墨汁的渗入。

墨书陶瓷器是什么？就是这样一类特殊的陶瓷器，它们的表面，一般是底部，有用笔墨书写的文字或符号等标记。目前，"南海Ⅰ号"沉船已经统计出来的墨书陶瓷器总计910余件，系2013年11月至2016年1月期间出水。

"南海Ⅰ号"沉船发现的墨书陶瓷器，主要来自福建德化窑和磁灶窑两个窑口。此外，闽清义窑、龙泉窑系、景德镇窑、罗东窑等窑口也有少量器物底部有墨书。德化窑出产墨书陶瓷器有粉盒、瓶、执壶、大盘等，磁灶窑出产墨书陶瓷器有碗、罐等，其他窑口出产墨书陶瓷器主要有碗、盘。在有墨书的陶瓷器中，墨书最少的只有一字，最多的有六

陳上名

戴

字。书写位置一般都在陶瓷器外底露胎处，在其他位置的墨书不多见，应是主要考虑到器物的美观性以及书写的便利性。比较特殊的有一件闽清义窑青釉碗，墨书在碗内施釉处。

"南海Ⅰ号"沉船发现的陶瓷器的墨书内容大致可以分为八类：姓名类、"直"字类、器物用途类、"纲"字系列、地名类、花押类、符号类、其他类。"南海Ⅰ号"墨书陶瓷器主要的作用是标记货主或者商号、器物用途等。"南海Ⅰ号"发现的陶瓷器墨书，字迹大多清晰可辨，书体有楷书、行书、草书等，其中以楷书、行书较多。部分墨书虽然内容相同，但写法不同，应该是不同的人书写导致的。

姓名类

这一类墨书陶瓷器数量最多，姓名组合多为"姓"、"姓"+"直"，或者"姓"+"上"、"姓"+"数字"、"姓"+"数

林直

德化窑·青白釉喇叭口瓶
底部墨书
足径5.1厘米

王十五哥記（花押）

德化窑·青白釉印花四系罐
底部墨书
底径7.0厘米

莊德直

德化窑·青白釉粉盒
底部墨书
底径11.9厘米

林二十（花押）

磁灶窑·酱釉罐
底部墨书
底径9.3厘米

陳

闽清义窑·青釉弦纹碗
内壁墨书
口径14.0厘米，高4.7厘米，底径5.1厘米

字"＋"記"等。其中带"記"墨书应为商号名称。

墨书中出现的姓有"陳""戴""謝""林""蔡""黃""莊""楊""蕭""王""李""方""鄭""許"等。

"直"字类

"直"，同"置"，就是置办的意思。有的墨书是在器物底部单独书一"直"字；有的是在"直"字前加上"姓"，如"林直"，即林姓货主置办。墨书作为标记，主要是用来分辨货主。比如一件磁灶窑酱釉罐底部有墨书"蔡火長直"，即表示为一名蔡姓"火长"（火长，也称舟师，即导航员）置办的货物。

此外，"直"字有各种不同的写法和变体，其中一件酱釉罐底部书写有四个"直"字，底部墨书为"林直直直直"，四个直字中有三个写法一样。

直

德化窑·青白釉喇叭口瓶
底部墨书
足径5.2厘米

莊直

德化窑·青白釉大盘
底部墨书
足径8.3厘米

林直直直直

磁灶窑·酱釉罐
底部墨书
底径17.3厘米

蔡火長直

磁灶窑·酱釉罐
底部墨书
底径14.8厘米

纲 □前公用

磁灶窑·酱釉执壶
底部及下腹部墨书
底径10.5厘米

纲

磁灶窑·酱釉罐
底部墨书
底径15.6厘米

器物用途类

墨书表示器物用途类的暂时统计的只有一件。磁灶窑其中一件酱釉执壶底部墨书"纲",下腹部墨书"□前公用",下腹部的墨书应为表明器物用途,表明这件执壶可能是在"□前"公用的物件,是一件生活用品,而非货物。

"纲"字系列

"纲"即"纲首",又称为"都纲"或者"船头",为负责纲运的商人首脑,也就是全船的总管,相当于现在海船的船长之职,执掌船上一切大小事务。"纲首"在宋元时期的海外贸易当中,发挥着十分重要的作用。"南海Ⅰ号"沉船2013年11月至2016年1月出水的酱釉罐底部有墨书"纲"的统计共有15件,酱釉执壶底部有墨书"纲"的1件。

地名类

德化窑有10件青白釉执壶底部墨书为"東山",可能表示这一批瓷器的生产地为福建"东山"。

花押类

花押,即一般用草书签写的较难辨认的标记,与现代的个人签名相同,多为个人任意书写变化出来的"押"字(有些已经不像文字,只作为个人

東山

德化窑·青白釉执壶
底部墨书
足径7.3厘米

"押"字符号(花押)

德化窑·青白釉大盘
底部墨书
足径8.9厘米

"押"字符号(花押)

德化窑·青白釉大盘
底部墨书
足径9.3厘米

符号或文字

磁灶窑·酱釉罐
底部墨书
底径16.8厘米

赐

景德镇窑·青白釉印花花卉纹碟
底部墨书
足径3.8厘米

号

窑口青釉碗
底部墨书
足径5.2厘米

+30（花押）

磁灶窑·酱釉罐
底部墨书
底径14.2厘米

专用记号）。花押类应为供货主个人识别的标记。

符号类

部分陶瓷器墨书像符号，又像外国文字，有待进一步考证。

其他类

其他暂不明确的墨书归为一类，比如景德镇窑青白釉印花花卉纹碟底部"赐"，所指何意，有待进一步考证。又比如有一件酱釉罐底部墨书"+30（花押）"，推测阿拉伯数字 30 可能为国外商人标记。

目前发现的墨书大多书写在陶瓷器的底部，主要是出于两方面的考虑：首先，不影响器物整体的美观；其次，器物底部大多不施釉，相比施釉的地方，不施釉处质地粗糙，气孔率高，更易于墨汁的渗入。

作为遗迹现象之一的墨书，虽然存在难以辨识的内容，而且部分相关研究难免有推测的成分，但是不可否认，大量的墨书所揭示的相关信息，为我们提供了一个还原南宋海上远洋贸易生活场景的有效途径，让我们可以进一步去探索古代中国的海上贸易活动。

（陈浩天）

『水晶宫』里的新征程

『南海Ⅰ号』船体及金属文物的保护

这艘满载货物的远洋贸易船，在出海不久就沉入了海底，在经历了800多年的海底侵蚀后，它早已残破不堪，就仿佛是一位饱经风霜的老人，除了一具创伤累累的躯体之外，剩下的就唯有那些在黑暗侵蚀下日益消解的记忆依旧闪耀着智慧的光芒。

备受瞩目的"南海Ⅰ号"沉船，于 2007 年被整体打捞出水并移驻"水晶宫"保存。整体打捞出水的沉船遗址，包括钢制沉箱、木质船体、船货、包埋在船体周围的淤泥等，总重量超过 5000 吨。按照以往沉船考古的惯例，通常是先打捞出沉船中的文物，然后在水下将船体拆解打捞出水，并按照文物材质和残损程度进行分类保护处理。"南海Ⅰ号"的整体打捞，在世界水下考古史上无疑是一次伟大的创举。

"南海Ⅰ号"的整体打捞出水，虽然为进一步探查船体及船载文物的保存状态，创造了有利的研究条件。但是，对于"南海Ⅰ号"船体及船载文物的保护，却带来了更多的挑战和更高的要求。"南海Ⅰ号"在

"南海 I 号"多重船舷板结构

水下埋藏浸泡了 800 余年，其埋藏的病害环境已经逐步稳定，而整体打捞将这种稳定的埋藏环境打破，由原先恒温、低氧、密闭、低光照的水下淤泥埋藏环境，转而变为高氧、高温、开放的环境。原本稳定的病害环境被重新唤醒，其氧化、腐蚀及微生物等病害开始变得复杂、活跃起来，这在国内外沉船保护案例中是前所未有的。

"南海 I 号"船体的保护

保护项目组根据"稳定性"保护的工作指导目标，在船体保护方面，制定了包括清洗、防霉、保湿、脱盐、加固等为主要技术实施环节的保护工作方案，以控制、延缓船木病害的滋生和发展，确保船体在发掘期间保持结构和材质的稳定。船体稳定性保护工作的核心，是保证船体木材含水率的稳定和预防微生物病害的发生，技术实施关键是保湿和防腐。

古人建造舟船所用的材料是相对易于加工的木材，小型的舟、筏也会采用竹、动物皮等更加易于加工而轻便的材料。直到19世纪初，欧洲出现了铁质船，船舶开始走向大型化、现代化。"南海Ⅰ号"这艘南宋时期的远洋贸易船，主体结构以华南松为主。华南松属软木材质，便于加工，但是强度、耐腐性能都较差。作为远洋商船，使用强度较低又不耐腐的木材作为主体结构材料，显然不是最佳选择。

为了兼顾易于加工和达到船体强度要求的目的，造船匠人采用了多重船板鱼鳞搭接的造船工艺，通过多重船板拼叠的方式增加了船板厚度，在船板强度得到提高的同时，又降低了船板加工的工艺难度。

即便如此，受当时航海技术条件和造船材料的限制，即使采用了多重船板的强化技术，在突发灾难来临时也并非坚不可摧。这艘满载货物的远洋贸易船，在出海不久就沉入了海底，在经历了800多年的海底侵蚀后，它早已残破不堪，就仿佛是一位饱经风霜的老人，除了一具创伤累累的躯体之外，剩下的就唯有那些在黑暗侵蚀下日益消解的记忆依旧闪耀着智慧的光芒。

经检测分析，"南海Ⅰ号"木质船体遭受的病害侵蚀非常严重，主要体现在木材本体材料的降解、木质材料的生物侵蚀、有害离子沉积浸润等三个方面。因而，船体保护越早有效地介入，船木受病害进一步破坏的风险就越小，当务之急便是抑制船木纤维素降解、船木保水稳定。但是，由于"南海Ⅰ号"的独特性，可供借鉴的相关研究成果和工作经验几乎一片空白，对保护项目组来说，"南海Ⅰ号"的保护是一场全新的挑战。经过

人工喷淋、滴渗保湿

高雾化喷淋保湿系统

全自动保湿喷淋行走天车系统

前期大量技术调研和实验，并根据发掘的不同阶段以及船体不同区域的病害特点，保护项目组先后制定并实施了人工喷淋、滴渗保湿、高雾化保湿、自动喷淋保湿等方案措施，对症下药，满足了发掘现场船木稳定性保护要求。上图就是全自动保湿喷淋行走天车系统。它利用搭建在沉箱两侧壁上的行走天车，在天车主梁（图中红色钢梁）上驮负一直径1米、长9米的PVC喷淋液存储管，喷淋泵、控制柜也设在天车主梁的一端（图中右侧端），加湿喷淋头装设在由行走天车主梁两侧探出的钢架上，喷淋系统的动力电源由天车的动力电源引入。启动天车并打开喷淋系统后，当天车行走至沉箱某一沉船区域时，根据事先设定的喷淋程序，会自动开启喷淋头，对需要保湿的区域进行保湿喷淋作业，而不需要保湿的区域，程序会自动关闭相应的喷淋头。

"南海 I 号"船载金属文物保护

"南海 I 号"发掘的金属文物材质涵盖了当时技术条件下能够获得的大部分金属材料，有金、银、铜、铁、锡、铅等。其中，以铁器数量最多。另外，还有数量较多的铜钱、银铤及少量的金饰品、金箔等。

铁器的保护

宋代的冶铁技术在总结前人经验的基础之上，在技术和产量上获得了又一次飞跃。煤炭在冶铁中的大量使用，解决了冶铁燃料来源不足的问题，加上以水力推动鼓风熔炉技术的成熟和普及使用，可以在不停炉的情况下连续熔炼铁水，铁产量大幅提高。据记载 806~1078 年间，人均铁产量提高了 6 倍，1078 年一年的铁产量达到 1.27 亿斤。苏轼在徐州任知府期间，于 1078 年曾详细记录了当地 36 座熔铁炉的情况，当时的每个熔铁场匠人多达数百名。南宋末期，开始使用焦炭作为冶铁燃料，进一步提升了冶铁的效率和品质。

"南海 I 号"遗址提取到的铁器及铁质凝结物总重达 100 余吨，大部分是作为商品成摞捆扎的铁条、铁锅，另有少量铁刀、铁斧等生活用具。

捆扎码放铁条　　　　　　　　　缓蚀液浸泡脱盐

　　"南海Ⅰ号"大宗铁器的制造工艺有两种，铁锅为铸造加工，材质为白口铸铁，铁条为锻打加工，材质为铸铁固态脱碳钢。"南海Ⅰ号"出水铁锅中检测到高含量的硫、碳，可以初步断定铁锅为煤冶铸造加工，铁条由于采用锻打加工，碳、硫含量均较低。

　　铁质材料化学性质活泼，极易发生腐蚀，在海水中受海盐侵蚀，其腐蚀的速度更是惊人。"南海Ⅰ号"提取出的铁质器物，大多呈严重的锈蚀凝结状态，较难分离。由于铁器及铁质凝结物内部含有大量的盐分，提取到的铁器及铁质凝结物经过初步清洗后，按照保存状态分类捆扎码放于专用的大型浸泡池中，在碱性缓蚀液中做稳定性脱盐处理，通过定期更换浸泡液，逐步脱除器物内部的盐分，待盐分脱除后进行拆解保护处理。

拆解锈蚀凝结的铁条

完成保护处理的铁条

对于典型的铁质器物，经过一段时间的脱盐浸泡，经检测达到脱盐处理效果后，保护技术人员对这些典型铁器进行了研究性保护处理。首先，将凝结在一起的铁条拆解分离，然后将分离清理后的铁条放置于大型超声波清洗机中，做深度清洗和脱盐处理，经过多次换水清洗后，将铁条移入高温鼓风烘干箱中，在120℃—150℃温度下干燥数小时，烘干后的铁条表面涂刷缓蚀剂，晾干后投入热蜡液中做烫蜡处理，完成铁条的表面封护。

铜钱的保护

"南海 I 号"船载有大量铜钱，达数万枚之多。宋代海外贸易繁荣，中国的铜币因制作精致、面值稳定、方便使用，而逐渐成为广受海外贸易沿线国家、地区欢迎的硬通货币。据《宋史·食货志》载"泉、广二舶及西南二泉司遣舟回易，悉载铜钱"，"钱本中国宝货，今乃四夷共用"。

宋代铜钱的铸造，因有皇帝的亲自主持参与，如宋徽宗以其独创的瘦金体用于铜钱铭文，使得宋代铜钱不论在种类、数量以及质量上，在古代中国铸币史上更是达到了一个新的高度。宋钱的钱文书法是中华文化宝库中的重要组成部分，宋钱文字书法优美，多为名家及皇帝手笔，篆隶行楷草俱全，处处展现着美术、文学和冶金技术的完美结合。

铜钱对于考古工作来说，也具有重要的考证价值。通过对铜钱的仔细拆解和清洗等保护工作，保护技术人员已经对大部分铜钱进行了分类辨识整理，且清理后的部分钱文清晰可见。这些有明确的纪年铜钱，也成为"南

凝结在一起的铜钱

经过清洗、剥离处理后的铜钱

海 I 号"沉船断代的重要辅助佐证材料。

银铤的保护

"南海 I 号"出水的银器以银铤数量最多，目前已出水 229 枚，重约 290 千克。由于银的价值较高，古代用银铤作为货币时，是可以进行切割使用的。银铤外观为扁平铤状、束腰、首位弧形，由于海水的侵蚀，大多银铤表面呈严重锈蚀状态，有些银铤表面包裹有凝结物。

银的化学性质比铁稳定，通常在自然环境下仅和空气中的硫发生反应，在其表面生成一层黑色的硫化物。但是，银在海洋环境中，会受到海水中氯化盐的侵蚀而发生腐蚀，不过银在海水中的腐蚀比铁慢得多。因而，在埋藏环境较好的区域提取到的银铤，其保存状态较好，经过清洗去除表面

被锈蚀物和凝结物包裹的银铤

经过清洗处理后的银铤
（引自"南海Ⅰ号"沉船考古报告之二）

凝结物后，铭文可以清晰地辨识。银铤表面的铭文，通常刻记用途、地点、重量、匠人等信息。这些铭文是研究当时历史文化、民间习俗的重要实物资料，如"南海Ⅰ号"出水的银铤表面就刻有"霸南街东"字样，"霸南街"是当时临安城繁华的商业街区，另有在银铤中央凹槽右侧竖向表示地点的金银铺匠名"杭四二郎"，也有左侧竖向表示重量的"重贰拾伍两"等铭文。

银铤 霸南街东　　　　　　　　　　　　银铤 重贰拾伍两、杭四二郎

金器保护

　　"南海 I 号"发掘提取到的金器数量也较多，具有代表性的器物主要有犀角形饰品项链、戒指、耳环、镂空造型的装饰配件、腰带配件以及作为货币的金箔等，另外还出水了一些碎金，长度在 1 厘米左右，重量 1～3 克不等，很可能是在商品交换中进行了切割使用所致。"南海 I 号"出水的金饰品采用了多种加工工艺，包括焊接、錾刻、镂雕等，其纹饰华美、制作精良，风格迥异于南宋时期的造型手法。经测定含金量最大的达到了 99%，在当时堪称"足金"器，而大部分金器含金量从 85% 到 95% 不等，为金银铜合金材质。金的化学性质稳定，耐酸、碱性能好，在自然条件下

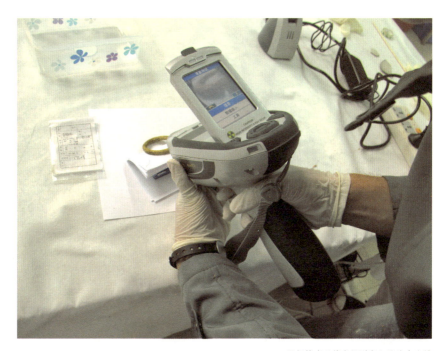

用便携式 X 荧光仪测定金器的含金量

被锈蚀物附着的金饰件

经过清洗处理后的金饰件

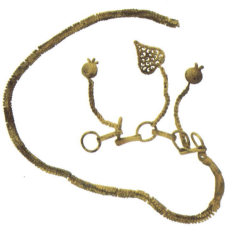

被锈蚀物附着的金饰件

经过清洗处理后的金饰件

极难发生腐蚀，遗址中发掘出的金器，本体保存状态均较好，有些金器表面被铁质锈蚀物附着和凝结物包裹，将附着物等污垢清除后，均能恢复其原有的样貌。

　　"南海 I 号"沉船是一个密集的多材质文物堆叠的复杂有机体，除了木质船体这一件独一无二的文物之外，船载文物种类丰富，包括铁器、铜器、陶瓷器、金银器、竹木器、有机物等大量不同材质的文物。这些文物病害类型复杂，材质、保存状态各异，对于保护的环境要求以及需要使用的技术手段也不同，甚至相互矛盾。例如金属文物的保护需要干燥，而木质船体却需要保湿，文物保护工作者需要在这些矛盾的既交叉又相互关联的关系中寻求平衡点，制定文物保护工作目标和实施方案。我们用各自人生几十年的短暂岁月，接触近千年积淀下来的历史文化，接力"南海 I 号"的文物保护，把最新的技术手段应用到文物保护中，让越来越多的人了解我们的工作，让更多的人感受到我们工作的魅力，让文明更好的传承！

（张玄微　耿　苗）

永续航行的丝路明珠

『南海Ⅰ号』的现实意义

它800多年前谜一样的沉没，800多年前机缘巧合般的现世，等待了20年后被整体打捞……终于，在海陵岛十里银滩西侧，为它量身打造的水晶宫拔地而起。水晶宫里的『南海Ⅰ号』，也从昔日的贸易商船演变成今天的文化方舟。

海上丝绸之路，是后人对古代中国与外国通过海上通道开展贸易往来而形成的交通线路的称谓，由法国汉学家沙畹于 1913 年首次提出。

海上丝绸之路既是通道概念，更是一个文化概念，自其被提出以来，极大地推动了古代中西文化交流、贸易往来的历史研究，并在现代新丝路建设中逐步提炼出了以"和平合作、开放包容、互学互鉴、互利共赢"为核心要义的丝路精神。

海上丝绸之路又称"海上陶瓷之路"。丝绸和陶瓷，这一反映当时先进生产力的产品，是古代中国对外贸易出口的大宗商品，是古代商贸往来的交换主角，通过古代海上丝绸之路从中国传播到东南亚、非洲和欧洲等地，为当地民众社会生活的构建提供了重要的支持。

"南海 I 号"是 1987 年在古代海上丝绸之路主航道上发现的宋代贸易商船，为海上丝绸之路的千年传承提供了最为坚实的论据，是反映古代海上丝绸之路的时间胶囊。

在古代，航海是危险系数很高的行为。然而，航海也是充满诱惑的行为，航海的意义在于探险，在于探寻彼岸的未知，在于促进地区间的经济贸易，在于促进不同文明之间的文化交流。

古代阳江是海上丝绸之路重要的节点城市，"南海 I 号"因不明原因沉没，时间就此停滞。直到 1987 年被发现，后经考古人员组织的海底探摸、整体打捞、全面保护发掘等抽丝剥茧式的工作，"南海 I 号"时间胶囊才被逐步打开，为世人重现了宋代海上贸易的盛况。

时间回到 1987 年 8 月，在中国南海海面阳江海域附近，一个偶然的机会，伴随巨型抓斗出水时抓起的 247 件文物的出现，"南海 I 号"被发现了。这 247 件文物后来被保存在广东省博物馆，其中就包括一条长达 172 厘米的金腰带（又称宋金项饰）。中央电视台《国家宝藏》第二季的节目上，主持人岳云鹏和"南海 I 号"考古队还专门演绎了这条宋金项饰的前世传奇。该项饰呈麻花状，由四股八条金线编制而成，具有异域风格，或为船上外国达官贵人所有。

此后，经过考古专学家 30 多年的考古发掘，"南海 I 号"的神秘面纱已慢慢被揭开。考古发掘显示，"南海 I 号"沉船残长约 22.15 米、

宽约 9.35 米，共分 15 个舱位，属福船类型，出水文物包括陶瓷器、铜铁器、金银器、漆木器、动植物残骸、人类遗骸等，超过 18 万件（套），为世人再现了宋代盛世贸易的辉煌。其出水的许多文物是前所未见、史所未载的，蕴含了丰富的历史信息，为古代贸易史、造船史、航海史、陶瓷史的研究提供了重要的佐证，是海上丝绸之路千年传承的坚实证据。

"南海 I 号"船载的大宗商品为陶瓷和铁器，直观反映了宋代海上丝绸之路出口贸易的货物结构。陶瓷主要包括江西景德镇，浙江龙泉，福建德化、晋江、闽清等五地出产的青白釉、青釉、黑釉、绿釉、酱釉器物，

除极少部分的瓷器为随船用品外，绝大部分为外销产品，器型有碗、盘、碟、壶、瓶、罐、盅、盆、军持等，几乎囊括了吃饭、喝酒、斗茶、腌泡菜、腌咸鸭蛋、装化妆品、焚香等所有日常生活所需品种。出水的德化窑方棱执壶和大碗等部分瓷器虽为民窑产品，却异常精美，其器型具有相当的异域特点，充分反映了东西方文化的交流和融合。铁器主要包括铁钉、铁锅，以及一些疑是半成品的刀丕，其形成的凝结物超过130吨，充分显示了宋代中国铁器在海外的畅销程度。

"南海Ⅰ号"上还发现了大量金、银、铜等不同材质、不同类型的货

沉船一角的瓷器

币,反映了宋代海外贸易的支付结算手段。众所周知,货币是用于货物贸易的交换媒介,金叶子、碎金、银铤、碎银、铜钱在"南海Ⅰ号"上的发现,充分揭示了当时中国货币作为硬通货的坚挺,表明其在中西方贸易的实现中充当了重要的角色。

"南海Ⅰ号"发现的生活用品,充分显示了宋代海上丝绸之路船员航海时的生活。透过"南海Ⅰ号"出水的酒杯、茶盏、焚香炉,观音、罗汉、净水壶,以及动物骨骼、植物果核、砚台、研磨台(系香料等研磨所用)、

禽蛋和竹笼等，可以窥知，在依靠季风和洋流来实现航行的古代，航海虽然时间漫长，但船员们有足够的食物，有新鲜的禽类可以补充，有橄榄可以满足维生素 C 的要求，食物并不愁。而观音、罗汉等寄托着信仰的宗教形象也能给船员们带来一些慰藉，船员们还可以在船上斗茶、喝酒、吃肉，一路走来，憧憬着大洋彼岸货物交接时的欢欣，聊以排解航海中的烦闷。

从"南海Ⅰ号"出水文物亦可以推测宋代南海海上丝绸之路到达的目的地。通过与东非肯尼亚、埃及福斯塔特遗址、肯尼亚马林迪附近、基尔

"南海 I 号"出水金叶子

瓦岛等地出土的瓷器和沙特晒林港出土的铜砝码的对比,我们可以推测"南海 I 号"出航目的地或为东南亚或者非洲的某个海港。

"南海 I 号"既是古代海上丝绸之路上的贸易商船,亦是推动丝路沿线国家民心相通的文化方舟。它 800 多年前谜一样的沉没,30 多年前机缘巧合般的现世,等待了 20 年后被整体打捞……终于,在海陵岛十里银滩西侧,为它量身打造的水晶宫拔地而起。水晶宫里的"南海 I 号",也

从昔日的贸易商船演变成今天的文化方舟。"南海I号"正在以文化展示和文化交流的方式继续航行，为今天21世纪海上丝绸之路的建设诉说着东西贸易往来和文化交往的历史，传播着海丝文化和丝路精神，让丝路沿线国家和地区民心相通、贸易畅通。

自"南海I号"进入水晶宫，广东海上丝绸之路博物馆，这座以"南海I号"的考古发掘、保护展示为主题的专题博物馆自2009年开馆以来，

"南海Ⅰ号"出水铜钱

已接待中外观众 900 多万人次，其中有不少海外观众，包括美国以及欧洲、东南亚等地区的诸国游客。2019—2020 年，广东海上丝绸之路博物馆连续两年分别获评全国专题类博物馆（展览）海外影响力第 3 名和第 8 名，为世界读懂中国打开了一扇窗。

　　海上丝绸之路是具有突出普遍价值的文化线路遗产，"南海Ⅰ号"是海丝申遗的重要佐证。近年来，作为"一带一路"的文化使者，"南海Ⅰ号"出水文物沿丝路沿线国家和地区参与举办了十数场展览，如沙特阿拉伯的

"南海Ⅰ号"出水玉雕罗汉像

"华夏瑰宝"、德国汉堡国际海事博物馆的"东西汇流——十三至十七世纪的海上丝绸之路"、澳门博物馆的"深蓝瑰宝——南海Ⅰ号水下考古文物大展"等，有效地加强了海丝文化的宣传，促进了文明互鉴，助力了21世纪海上丝绸之路建设。

创造性转化和创新性发展是弘扬优秀文化，实现文化的继承和发扬的必然要求。"南海Ⅰ号"承载了海丝文化，是文艺工作者进行创作的富矿。据不完全统计，基于"南海Ⅰ号"创作的诗歌、小说、山歌、粤剧等文艺作品已达10数种。其中的"南海Ⅰ号"粤剧于2010年由广东省粤剧院创作，自首演以来，获得了巨大的成功，已沿着丝路沿线的国家和地区在香港、澳门、新加坡等地演出，极大弘扬了丝路文化精神，推进了文化交流，促进了区域间的民心相通。

此外，"南海Ⅰ号"是提升中华民族文化自信的力量源泉。"南海Ⅰ号"是古代中华海洋文明的产物。

"南海Ⅰ号"承载了中华民族灿烂的海洋文

明。很多年来，农耕文明一直都被视作中华民族的主流文明，甚至有西方学者认为中国是农耕国家，根本没有海洋文明。"南海Ⅰ号"的发现表明，中华先民创造了足以耀眼世界的海洋文明。一艘船就是一个时代的缩影，透过帆船结构、船载货物、船员生活用品、船上食品遗存，以及考古发掘、研究表明的这艘船可能的目的地等等，我们可以窥见古代中华先民依托海洋，不畏艰难，在推动贸易交换、文化交流中创造出来的灿烂海洋文明。

"南海Ⅰ号"整体打捞及保存整条沉船的成功，室内保护发掘项目的顺利开展，标志着我国在水下文化遗产保护理念方法、技术上的重大突破和创新，是目前为止我国最为重要的水下文化遗产保护项目之一，是具有中国特色、中国风格、中国气派的水下考古成果，为世界水下文化遗产的保护工作提供了成熟、可行的中国方案。

作为中国水下考古诞生的三个重大标志事件之一，"南海Ⅰ号"见证了中国水下考古的发展历程，彰显了我国水下考古事业的里程碑意义。30多年来，其保护发掘工作也见证了我国社会经

广东海上丝绸之路博物馆

济高速发展历程，见证了国家综合国力的极大提升。30 多年前，中国专家耿宝昌面对哈彻在阿姆斯特丹对中国瓷器拍卖时的无奈和无助，促成了中国水下考古学科和队伍的建设。中国的水下考古工作，从建立之初，依靠与日本和澳大利亚的合作，培养了 3 名国家水下考古队员，到 2007 年以来多次帮助伊朗、泰国、柬埔寨等国家培养了多名水下考古队员，从 1989 年引进资金和技术与日本合作开发"南海 I 号"到近年来与肯尼亚、沙特等国家合作中的技术和资金的输出，在国际水下考古工作中发出了中国的声音，取得了丰富而巨大的成果。

驼队和宝船，善意和友谊，开拓了传承千年的陆海丝绸之路。2013 年，习近平总书记胸怀世界，以全球共同繁荣、打造人类命运共同体为己任，提出"一带一路"重大倡议，开辟了我国参与和引领全球开放合作的新境界。

习近平总书记强调，文化自信是更基础、更广泛、更深厚的自信。党的十九届五中全会提出的第十四个五年规划和 2035 年远景目标，明确提出 2035 年建成文化强国，将文化建设提到了新的高度。

"南海 I 号"是古代海上丝绸之路上的文化遗存，承载了"和平合作、开放包容、互学互鉴、互利共赢"的丝路精神。做好"南海 I 号"的保护和利用，能充分突出中华文明历史文化价值，体现中华民族的精神追求，能有效向世人展示全面真实的古代中国和现代中国，功在当代，利在千秋。

（龙志坤）